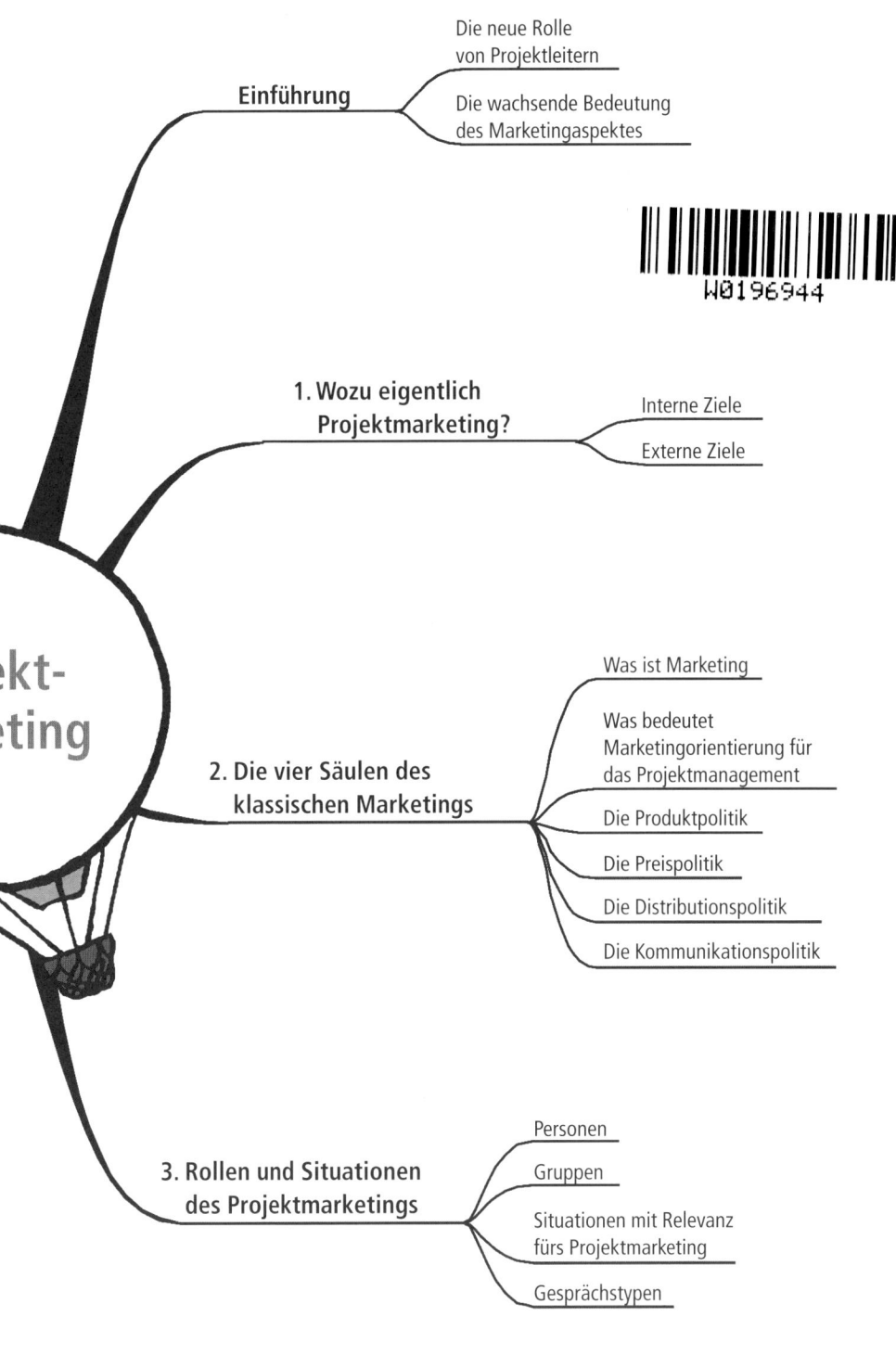

Einführung
- Die neue Rolle von Projektleitern
- Die wachsende Bedeutung des Marketingaspektes

1. Wozu eigentlich Projektmarketing?
- Interne Ziele
- Externe Ziele

ekt-
eting

2. Die vier Säulen des klassischen Marketings
- Was ist Marketing
- Was bedeutet Marketingorientierung für das Projektmanagement
- Die Produktpolitik
- Die Preispolitik
- Die Distributionspolitik
- Die Kommunikationspolitik

3. Rollen und Situationen des Projektmarketings
- Personen
- Gruppen
- Situationen mit Relevanz fürs Projektmarketing
- Gesprächstypen

Joachim Skambraks
Michael Lörcher

Projektmarketing

Joachim Skambraks
Michael Lörcher

Projekt-marketing

*Wie ich mich
und mein Projekt
erfolgreich mache*

Die Deutsche Bibliothek – CIP-Einheitsaufnahme

Ein Titelsatz für diesen Titel ist bei der Deutschen Bibliothek erhältlich.

ISBN 3-89749-251-2

Lektorat: Dr. Sonja Klug, Bad Honnef
Umschlaggestaltung: +malsy Kommunikation und Gestaltung, Bremen
Umschlagfoto: zefa visual media, Hamburg
Satz: Lohse Design, Büttelborn
Druck: Salzland Druck, Staßfurt

© 2002 GABAL Verlag GmbH, Offenbach

www.gabal-verlag.de
More success for you!

Inhalt

Am Anfang herrschte wie in vielen Unternehmen das Chaos. Mitarbeiter waren unzufrieden, Prozessabläufe verlangsamten sich, und einige Kunden beschwerten sich sogar.

Aber die Unternehmensleitung handelte, und der Startschuss fiel: Ein neues Projekt wurde ins Leben gerufen. Doch nach Abschluss des Projektes änderte sich leider nicht viel: Die Mitarbeiter des Unternehmens machten alles so wie immer; manche, die vom Projekt wussten, boykottierten sogar einzelne Maßnahmen, und die Kunden waren so unzufrieden wie zuvor.

Vieles lief falsch. Die Angestellten wurden nicht involviert und die Meinungsmacher im Unternehmen nicht ins gemeinsame Boot geholt. Sogar einige Führungskräfte wollten die Ergebnisse nicht unterstützen.

Es fehlte einfach an einem optimalen Marketing für das Projekt. Dennoch könnte es so einfach sein: Wenn alle transparente Informationen bekommen und motiviert sind, wird das Projekt mit Leben gefüllt und umgesetzt.

Dabei hilft professionelles Projektmarketing.

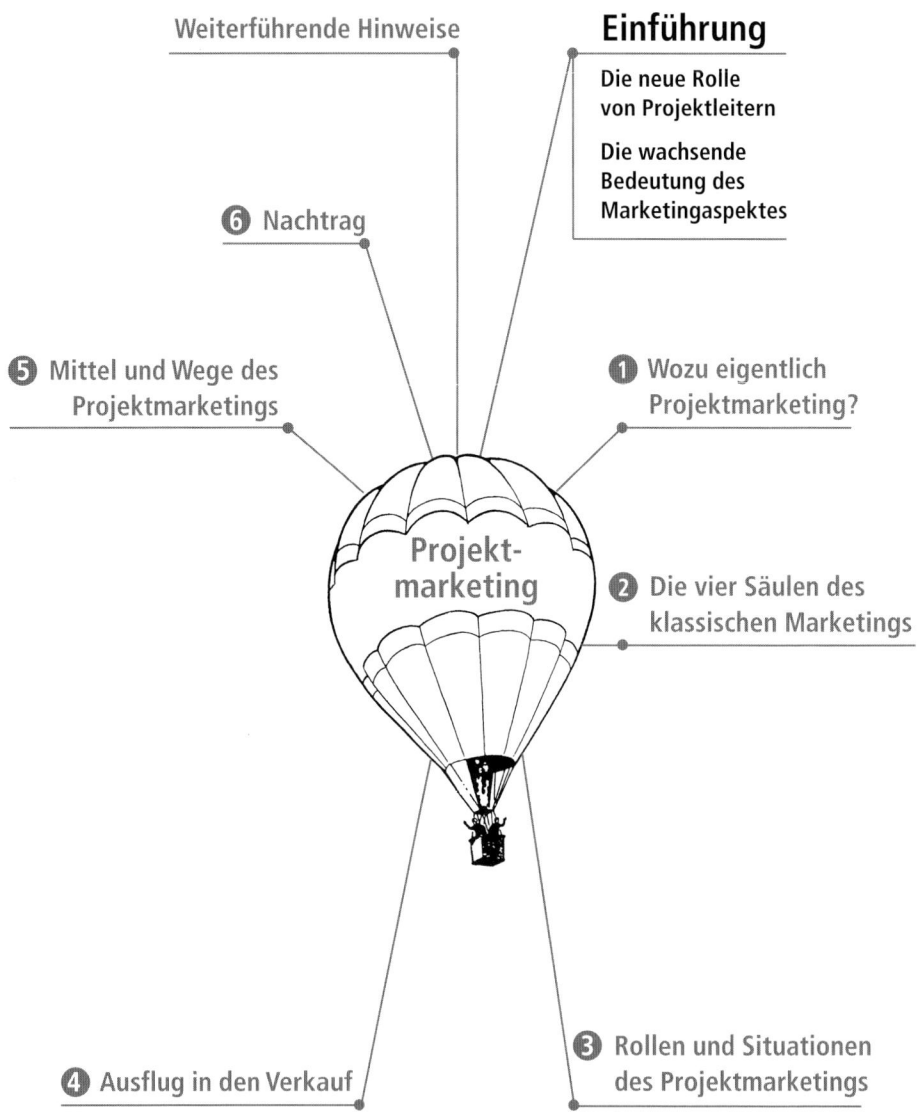

Weiterführende Hinweise

Einführung

Die neue Rolle von Projektleitern

Die wachsende Bedeutung des Marketingaspektes

6 Nachtrag

5 Mittel und Wege des Projektmarketings

1 Wozu eigentlich Projektmarketing?

Projekt-marketing

2 Die vier Säulen des klassischen Marketings

4 Ausflug in den Verkauf

3 Rollen und Situationen des Projektmarketings

Einführung

„Was wollen Sie? Ein Extra-Budget für Projektmarketing? Was soll dieser Unsinn? Solche neumodischen Ideen können Sie sich abschminken!", schnauzte der Bereichsleiter den verstört aussehenden Projektmanager an und verließ mit einem lauten Türknall das Zimmer. Die eintretende Stille und die damit verbundenen Spannungen im Raum waren fast unerträglich. Dabei hatte der Projektmanager ein wirklich tolles Konzept vorbereitet. Das Produktionsunternehmen, für das er arbeitete, hatte vor einem Jahr ein Großprojekt initiiert. Auf Druck eines wichtigen Kunden wurde beschlossen, zusammen mit der DV-Abteilung die Logistiksteuerung neu zu organisieren sowie hard- und softwaretechnisch auf den neuesten Stand zu bringen. Ziel dieser Maßnahme war es, die Lagerhaltungskosten zu reduzieren und die Termintreue der Auslieferung zu erhöhen. Für die Analyse und Neukonzeption der Programme zur Lagerverwaltung wurde extra ein Beratungsunternehmen engagiert. Aus dem Team der Berater wurde dem damaligen Projektmanager ein gleichberechtigter Projektleiter zur Seite gestellt.

Und dann begannen die Probleme: Die Verantwortlichen der Datenverarbeitung meinten, sie könnten das alles ganz alleine bewältigen. Wofür andere Abteilungen des Unternehmens und sogar ein externes Beratungsunternehmen da sein sollten, könnten sie sich überhaupt nicht erklären. Also wurde beschlossen, das Projekt am langen Arm verhungern zu lassen. Schließlich könne es ja nicht sein, dass die Logistikabteilung und externe Mitarbeiter Kompetenzen im Datenverarbeitungsbereich erhalten sollten.

Probleme im Projekt-management

Zwar gab es dort ein kompetentes Projektteam, doch auch hier waren die ersten Spannungsfelder zu erkennen: Die Produk-

*tion, das Controlling, die Vertriebsabteilung, ja auch die exter-
nen Berater hatten durchaus unterschiedliche Vorstellungen,
wie man vorgehen sollte. Dazu kamen noch persönliche und
karrierebedingte Interessen mit den dazugehörigen Macht-
spielchen von einzelnen Mitarbeitern. Nun waren die idealen
Bedingungen geschaffen – nicht unbedingt für ein erfolgreiches
Projekt, aber für einen Schauplatz der Intrigen.*

**6 Monate
ohne Fortschritt**

*So vergingen in dem Projekt die ersten sechs Monate damit, dass
der Auftraggeber mit sich selbst beschäftigt war. Die externen
Berater waren ziemlich genervt und drohten sogar mit einem
Rückzug aus dem Projekt. Und der Projektmanager, von dem
hier die Rede ist, war schon die zweite Person auf dieser Stelle.
Im Fachjargon spricht man gerne von der „Halbwertzeit eines
Projektleiters". Sie liegt nach Erfahrung aus vielen Unterneh-
men und Projekten etwa bei neun Monaten.*

**Kunde wurde
vergessen**

*Wo war während dieser ganzen Zeit eigentlich der Kunde ge-
blieben? Für ihn hatte sich niemand mehr interessiert! Schließlich war von ihm die Initiative und die Idee für das Projekt
ausgegangen. Sollte die Kundenzufriedenheit aufrechterhalten
werden, so musste schnellstens gehandelt werden. Erst als der
Kunde damit drohte, das ganze Projekt und damit auch die
Lieferantenbeziehung scheitern zu lassen, reagierte man. Erst
einmal wurde der alte Projektleiter abgesetzt und ein neuer be-
auftragt. Dann wurden einzelne Teammitglieder ausgewechselt
und durch neue ersetzt. Es gab viele neue Ideen und Vorschläge,
die sowohl von der Kundenseite als auch von der DV-Abteilung
mal wohlwollend, mal abschlägig beurteilt wurden.*

**Unter Zeitdruck
ein neues Team**

*Jetzt drängte die Zeit. Auch beim externen Beratungsunter-
nehmen wurden zwei neue Teammitglieder benannt. Eines
erkannte, dass die Unterstützung der beteiligten Mitarbeiter
innerhalb des Unternehmens so gut wie gar nicht vorhanden
war. Es hatte deshalb angeregt, Maßnahmen für eine breitere
Unterstützung des Projekts zu ergreifen. In vielen Projekten*

hatte sich leider gezeigt, dass Projektverantwortliche selbstverständlich davon ausgehen, alle Betroffenen und Beteiligten unterstützten das Projekt ebenso engagiert wie sie selbst. Leider stellte man meist zu spät fest: Die entsprechenden Personen wurden nicht richtig informiert, waren nicht vom Projektnutzen überzeugt oder nicht verbindlich genug einbezogen.

Erst als die beiden Projektverantwortlichen diese Tatsache erkannt hatten, informierten sie sich, wie sie weiter vorgehen könnten. Wie sollten sie die anderen Mitarbeiter dafür gewinnen, das Projekt zu unterstützen oder sogar mitzuarbeiten? Sie wollten gemeinsam einen Maßnahmenplan aufstellen, um das Projekt in ein besseres Licht zu rücken und um Unterstützung zu werben. Auch sollten Aktionen geplant werden, um den Kunden besser über den Projektstand zu informieren, um auch von dort Unterstützung einzuholen. Sie machten gemeinsam ein Brainstorming und stellten eine beachtliche Liste von Aktivitäten auf. Dabei bemerkten sie: Die Umsetzung einiger dieser Aktivitäten kostete nicht nur Zeit für Vorbereitung und Durchführung, sondern auch Geld!

Das Budget für das Projekt war sehr eng bemessen und aufgrund der vielen Verzögerungen und Wechsel schon überschritten. Also beschlossen sie, den dafür verantwortlichen Bereichsleiter der Logistik um eine Aufstockung des Etats zu bitten. Wie dieses Gespräch endete, haben Sie bereits am Anfang dieses Kapitels erfahren: Ein frustrierter Mitarbeiter blieb zurück.

Budget überschritten

Sie merken: Es gibt noch viel zu tun. Allein schon die Einstellung vieler Führungskräfte bedarf einer gründlichen Generalüberholung. Denn die Zeit steht nicht still. Was hat sich in den letzten Jahren im Projektmanagement geändert?

Änderungen im Projektmanagement

1. Viele Aktivitäten wie Produktentwicklung, Umstrukturierungen oder EDV-Installationen werden als Projekt aufgesetzt und durchgeführt.

2. Projekte werden heutzutage immer komplexer.
3. Projekte werden zunehmend abteilungs- oder unternehmensübergreifend durchgeführt.
4. Es steht immer weniger Zeit zur Verfügung.
5. Es gibt hart limitierte Budgets.

Der Weltkongress für Projektmanagement 2002 in Berlin hat es gezeigt: Projektleiter und Projektmanager beherrschen inzwischen den Werkzeugkasten der Methoden, des Controllings und der Qualität für Projekte. Viele Referenten haben den Finger auf die richtige Wunde gelegt: Risikomanagement, Politik und die persönlichen Erfolgsfaktoren – die so genannten *Soft Skills* – sind heutzutage weit unterentwickelt. Leider haben aber nur wenige das Verbandszeug dabei, um diese Wunden zu schließen.

Die neue Rolle von Projektleitern

Heute anders als früher Projektmanagement an sich gibt es seit gut 30 Jahren. Wie haben die Menschen in der Vergangenheit eigentlich so großartige Erfolge bei ihren Projekten erzielt? Die früheren Baumeister, Architekten und Wissenschaftler waren – im Gegensatz zu heute – sozusagen intuitiv mit den richtigen Gaben ausgestattet. Sie hatten Charisma, konnten Menschen führen und motivieren, sie konnten verhandeln und beherrschten die *Soft Skills.* Projektmanagement kann also auch als eine Antwort auf den Wechsel in unserer Zivilisation gesehen werden. Es gibt sogar schon Stimmen, die fordern: Projektmanagement muss als Schulfach eingeführt werden. In unserer Zivilisation werden Verkauf, Marketing und persönliche Wirkung immer wichtiger. Aus diesen Gründen haben sich die Anforderungen an Projektleiter und Projektmanager verschoben.

Für Projektleiter von heute gilt: Fachliche Qualitäten allein reichen nicht aus, neue Qualitäten hingegen, wie die so genannten *Soft Skills*, treten immer stärker in den Vordergrund.

Es beginnt schon mit dem Wissen, wie man die Geschäftsleitung oder ein Kundenunternehmen von einer Projektidee begeistern kann. Ist ein Projekt dann genehmigt, müssen die richtigen Projektmitarbeiter gefunden, überzeugt und motiviert werden. Schließlich müssen die Projektergebnisse der Geschäftsführung oder dem Kundenunternehmen vorgestellt werden, damit diese sagen können: „Ja, das habt ihr gut gemacht!"

Die wachsende Bedeutung des Marketingaspektes

Sowohl in Einzelgesprächen als auch in Gruppengesprächen, bei Präsentationen und bei der Darstellung der Projektidee im Unternehmen müssen Projektmitarbeiter ihre Ideen vermarkten, andere Menschen überzeugen und für eine Mitarbeit werben. Projektmanager lernen, ihre Projekte zu vermarkten und ihre Ziele zu verkaufen. Denn nur wenn ein Projekt die volle Unterstützung und Anerkennung der Geschäftsleitung, der Entscheider und der betroffenen Mitarbeiter hat, wird es erfolgreich abgeschlossen werden und dauerhafte Unterstützung erfahren können.

Nur mit Unterstützung erfolgreich

Und wo gibt es ein Unternehmen, in dem nur ein einziges Projekt durchgeführt wird? Jedes Projekt steht innerhalb der Firma im Wettbewerb oder sogar in Konkurrenz zu anderen Projekten, in denen ebenfalls Arbeitszeit und Geldmittel gebunden sind.

Deswegen müssen heute Projekte nicht nur nach modernen Methoden des Projektmanagements geleitet, sondern auch aktiv nach innen und außen vermarktet werden.

Mit welchen Mitteln und Methoden dies geschehen kann, erfahren Sie in diesem Buch.

Selbsttest Doch bevor Sie weiterblättern, machen Sie erst einmal einen Selbsttest:

Wie schätzen Sie sich selber ein?
Zu wie viel Prozent bin ich ...

■ Berater oder Fachkraft: _____

■ Personalchef: _____

■ Verkäufer: _____

Sicherlich ist diese Art der Frage etwas plakativ, dennoch macht sie eine deutliche Aussage zu Selbstbild und Anforderungsprofil von Projektmanagern. In unseren Trainings und Seminaren haben wir die gleiche Abfrage mit folgenden Ergebnissen vorgenommen:

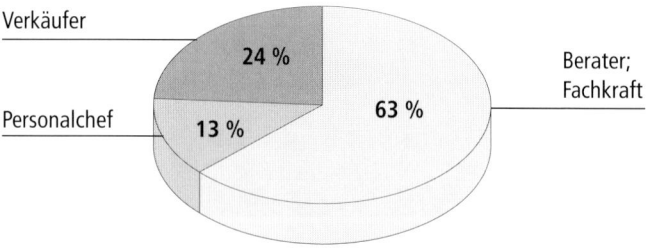

Selbstbild von Projektleitern

Projektmanager und Projektverantwortliche sehen sich zu 63 Prozent als Berater und Fachkraft. Dabei stellt sich uns immer wieder die Frage: Wie wichtig sind Fachwissen und Beratungswissen für einen Projektleiter wirklich? Zu nur 13 Prozent trifft das Selbstbild das eines Personalchefs. Dabei muss dieser nicht unbedingt nur Mitarbeiter einstellen und kündigen, sondern ist oft auch für Weiterbildung und Motivation verantwortlich. Hier denken wir ebenfalls: Das Anforderungsprofil an Projektmanager deckt sich nicht mit dem Selbstbild. Zu 24 Prozent schließlich sehen sich Projektmanager als Verkäufer. Wenn wir uns später mit den vielen Situationen und Möglichkeiten des Marketings und Verkaufs im Projektmanagement beschäftigen, werden wir sehen, dass ein guter Projektmanager zu einem weit höheren Prozentsatz verkäuferisch tätig ist, als er eigentlich denkt.

Fremdbild ist nicht Selbstbild

An dieser Stelle wollen wir uns nicht nur bei unseren Seminarteilnehmern bedanken für viele Anregungen und Fragen, sondern ganz besonders bei der *Fit For Success GmbH* in München und bei Gabriela Zimmermann, in deren Kooperation die ersten Seminare entstanden und somit auch die Grundlagen für dieses Buch gelegt wurden.

Weiterführende Hinweise

Einführung

6 Nachtrag

5 Mittel und Wege des Projektmarketings

1 **Wozu eigentlich Projektmarketing?**

Interne Ziele

Externe Ziele

Projekt-marketing

2 Die vier Säulen des klassischen Marketings

4 Ausflug in den Verkauf

3 Rollen und Situationen des Projektmarketings

1. Wozu eigentlich Projektmarketing?

Bevor wir in die Details des Projektmarketings einsteigen, wollen wir die wichtigste Frage beantworten: „Wozu brauche ich eigentlich Projektmarketing?" Nun, die einfache Antwort lautet: Um meine Projektziele (effektiver) zu erreichen!

Dabei gibt es eine Reihe klarer – hoffentlich in einer sauberen Zielsetzungsphase erarbeitete und in einer Projektvereinbarung festgelegte – *Projektziele*, die vorrangig die gewünschten bzw. geforderten Ergebnisse des Projekts beschreiben. Schön ist es, wenn dann auch noch *Qualitätsziele* für den Ablauf des Projekts definiert wurden. Meist gibt es aber keine Vorgaben für *die „heimlichen" Erfolgsfaktoren* wie Mitarbeitermotivation, Akzeptanz der Betroffenen und umfassende Kommunikation mit allen Beteiligten – eben die Ziele des Projektmarketings – oder für das verständliche Streben des Projektleiters, das Projekt zum Karrieresprungbrett und nicht zum Schleudersitz werden zu lassen. Diese Ziele können je nach Charakter des Projekts recht vielfältig sein, ob es nun ein unternehmensinternes Entwicklungsprojekt eines Industrieunternehmens oder ein öffentlichkeitswirksames Planungsprojekt des Staates ist – in der Regel werden diese Ziele unterschiedliche Wichtung und Bedeutung besitzen.

Vielfache Ziele

Dabei kann man zwischen nach außen und nach innen gerichteten Zielen unterscheiden. Folgende Ziele lassen sich im Projektmarketing anführen und mit entsprechenden Methoden und Mitteln verfolgen:

Interne Ziele

Viele der internen Ziele sind mit dem Teambildungsprozess verbunden.

> **Nur ein Team, das sich mit dem Projekt identifiziert, motiviert vorgeht und eine breite Vertrauensbasis besitzt, wird erfolgreich Projekte umsetzen können.**

Dabei kommen bei Projektteams die wechselnde Zusammensetzung, die Zusammenarbeit auf Zeit und ein stringenter Zeitrahmen erschwerend hinzu.

Identifikation mit dem Projekt und seinen Zielen

Ein zentrales Ziel des Projektmarketings ist es, dass die Projektmitarbeiter sich mit dem Projektziel identifizieren und sich als wichtiges Teil des Projekts verstehen. Erfolgreiche Projektmanager zeichnen sich oft dadurch aus, dass sie ein eingeschworenes Projektteam bilden, das gemeinsam durchs Feuer geht, wenn es hart auf hart geht. Neben einer klaren Aufgabenverteilung kommt es hier auch darauf an, schnell und effektiv eine Projektkultur aufzubauen, in der die Spielregeln der Zusammenarbeit festgelegt werden.

Sicherung von Kooperation und notwendiger Mitarbeit

Oft ist es nötig, zeitweise weitere Mitarbeiter bzw. Spezialisten zum Projekt hinzuzuziehen, die dazu aber von ihrem Vorgesetzten in der Linie freigestellt werden müssen. Da heutzutage in den meisten Unternehmen ständig mehrere Projekte parallel laufen, stellt sich hierbei immer die Frage, welchem Projekt welche Priorität eingeräumt werden soll. Ein Ziel ist es daher, rechtzeitig die Vorgesetzten der benötigten Mitarbeiter zu informieren und die Kooperation der Bereichsleiter und Spezialisten sicherzustellen.

Es gibt nichts Schlimmeres, als ein Projekt im stillen Kämmerchen auszubrüten, um dann die versammelte Mannschaft vor vollendete Tatsachen zu stellen – oder dem Auftraggeber eine Woche vor dem geplanten Projektwochenende mitzuteilen, dass die Fertigstellung sich um zwei Monate verspäten wird. Die Folgen kann sich jeder selbst ausmalen.

Transparenz

Ein wichtiges Ziel ist es daher, offen, verständlich und zeitnah über die Projektinhalte, -konsequenzen und den Projektfortschritt zu informieren.

Oft genug werden potenzielle Projektleiter, die ja auch nicht an jeder Ecke herumstehen, damit gelockt, dass ein erfolgreiches Projekt eine ideale Voraussetzung für einen Karrieresprung sei. Nun, das mag durchaus so sein. Wenn aber kein Mensch mitbekommt, wie genial sie das Projekt gemanagt, wie souverän sie alle Hemmnisse aus dem Weg geräumt und wie sie die unmöglichsten Kundenwünsche doch noch realisiert haben, dann kann es durchaus sein, dass ihr Chef oder ihr Auftraggeber die Lorbeeren einheimst und den besagten Karrieresprung macht. Also gilt auch hier die alte Regel: Tue Gutes und rede darüber.

Eigenmarketing

„Der Kunde steht im Mittelpunkt und damit allen im Weg." Sollte das auch in Ihrem Projekt gelten, so werden Sie früher oder später ein Problem bekommen – nämlich, dass Sie keinen Kunden mehr haben. Auch wenn es manchmal lästig erscheint und sicher einen gewissen Aufwand verursacht, sollten Sie sich regelmäßig um ein Feedback des Kunden bemühen – er wird sich geschmeichelt fühlen, dass er eingebunden wird, auch wenn er nie Zeit dazu hat. So werden Sie vor unliebsamen Überraschungen der Art „Das habe ich mir aber ganz anders vorgestellt" verschont.

Feedback des Kunden/ Auftraggebers

Motivation Die Motivation der Mitarbeiter ist das Schmieröl im Projektgetriebe. Ist sie vorhanden, so läuft alles rund und glatt. Aber wehe, sie geht verloren; dann kommt Sand ins Getriebe, egal wie gut der Projektplan ist. Daher gilt es, auch den wichtigsten Erfolgsfaktor – den Faktor Mensch – richtig zu berücksichtigen und die Motivation der Mitarbeiter durch intensive Einbindung, Anerkennung, faire Behandlung etc. zu fördern (erzeugen kann die Motivation übrigens nur der Mitarbeiter selber).

Bildung von Vertrauen Projekte bedeuten meist Veränderung, und diese funktioniert nur, wenn die Betroffenen Vertrauen zu den Ergebnissen des Projekts bekommen. Nehmen Sie den Betroffenen die Angst durch frühzeitige Information über mögliche Auswirkungen und glaubhafte Darstellung der Vorteile für alle. Dies gilt insbesondere bei Rationalisierungsprojekten, wo unterschwellig immer mit Arbeitsplatzverlusten gerechnet wird.

Externe Ziele

Kundenbindung Was für Dienstleistungen gilt, gilt auch fürs Projektgeschäft:

> **Der Kunde urteilt über die Qualität nicht allein aufgrund des Ergebnisses, sondern auch aufgrund der Art und Weise, wie die Arbeit verrichtet wurde.**

Oft werden die tollsten Projekte im Namen der Kundenorientierung angestoßen, aber dann wird während des gesamten Projektverlaufs keine Silbe darüber verloren, aus Angst, sich vor dem Kunden mit halben Sachen zu blamieren. Die Blamage, wenn der Kunde bei Kenntnisnahme der Projektergebnisse nur mitleidig den Kopf schüttelt, ist viel größer. Deshalb kann das frühzeitige Einholen eines

Kundenfeedbacks nicht nur Fehlentwicklungen vermeiden helfen, sondern im Gegenzug sogar zusätzlich Interesse und Begeisterung beim Kunden wecken. Wer möchte nicht an der Umsetzung von innovativen Ideen beteiligt sein?

Anregung zum Kauf/Auftrag

Projektideen sind zarte Pflänzchen. Man sieht ihnen das Ergebnis, die reiche Ernte, meist noch nicht richtig an, und deshalb wollen sie entsprechend sorgsam verkauft werden – vor allem, wenn Sie Berater oder Projektplaner sind. Ein wichtiges Ziel des Projektmarketings ist es daher, die scheinbar geniale Projektidee professionell zu präsentieren und darzustellen, ohne dabei die Rahmenbedingungen und Verhältnisse aus Acht zu lassen. Bei aller Begeisterung für neue Ideen gilt auch hier der Satz: Auf die Dosis (und die Vorbereitung) kommt es an.

Verbesserung der Marktpräsenz

Es ist schön, wenn Sie wissen, das Sie professionell Projekte durchführen können. Noch viel schöner ist es, wenn dies auch Ihr Markt, d.h. Ihre Auftraggeber, wissen. Denn das verspricht neue Aufträge = neue Projekte. Lassen Sie daher keine Gelegenheit ungenutzt, auch potenziellen Kunden über positive Projektergebnisse und umfassendes Projekt-Knowhow Ihrer Firma zu informieren.

Werbung

Es gibt nicht Besseres für die Werbe- und Marketingabteilung Ihres Hauses als ein schönes Referenzprojekt mit einem begeisterten Kunden. Daher vergessen Sie nicht, das positive Feedback des Kunden bzw. Auftraggebers einzuholen und an ihre Marketingabteilung weiterzugeben. Das ist zehnmal glaubwürdiger als nette Bilder und gedrechselte Sprüche.

Kundenbetreuung

Oft betrifft das Projekt, das Ihr Auftraggeber an Sie vergeben hat, nicht nur ihn direkt, sondern auch dessen Kunden. Versuchen Sie, dies mit zu berücksichtigen, und überlegen Sie mit Ihrem Auftraggeber, wie Sie seine Kunden und deren Bedürfnisse sinnvoll einbinden können. Ihr Auftraggeber wird Ihre Weitsicht und Ihr Einfühlungsvermögen schätzen lernen.

Attraktive Darstellung des Projektes

Schütteln Sie das Aschenputtel-Image Ihres Projektes ab, und überlegen Sie sich eine attraktive Verpackung. Sie werden nicht glauben, welchen Unterschied das für Außenstehende macht. Auch für das Projektteam hat es eine stimulierende Wirkung zu wissen, dass es Teil eines tollen Projektes ist.

Unterstützung, Akquisition

Sie arbeiten im Projektgeschäft (Anlagenbau) oder sind als Berater tätig. Dann ist für Sie ein erfolgreich abgeschlossenes und vermarktetes Projekt die beste Visitenkarte.

> **Denken Sie im Projekt schon über das Projekt hinaus und überlegen Sie, welchen Nutzen Sie für die Akquise weiterer Projekte daraus ableiten können.**

Wie wir sehen können, umfasst das Projektmarketing bereits eine Fülle von Zielen. Sie sollten sich schon zu Beginn des Projektes über diese Ziele Klarheit verschaffen und sie in der Projektzielsetzung mit berücksichtigen. Wenn Sie dann die in diesem Buch beschriebenen Methoden und Mittel geschickt einsetzen, werden Sie feststellen, dass die Durchführung eines Projektes und die Akzeptanz der Ergebnisse deutlich verbessert wird.

Schnittstelle zwischen Projektmanagement und Projektmarketing

Weiterführende Hinweise

Einführung

6 Nachtrag

5 Mittel und Wege des
Projektmarketings

1 Wozu eigentlich
Projektmarketing?

Projekt-
marketing

2 **Die vier Säulen
des klassischen
Marketings**

Was ist Marketing

**Was bedeutet
Marketingorientierung
für das Projektmanagement**

Die Produktpolitik

Die Preispolitik

Die Distributionspolitik

Die Kommunikationspolitik

4 Ausflug in den Verkauf

3 Rollen und Situationen
des Projektmarketings

2. Die vier Säulen des klassischen Marketings

Will ein Unternehmen ein Produkt oder eine Dienstleistung (auch eine Beratungsleistung) auf den Markt bringen, so hat es nur eine Chance, wenn die potenziellen Kunden und Käufer dieses Produkt auch kennen lernen. Das Produkt muss also auf dem Markt bekannt gemacht werden. Wenn ein Unternehmen das Marketing seiner Produkte und Dienstleistungen vernachlässigt, kann es mangels Käufer schnell Pleite gehen.

Was ist Marketing?

Aufgabe des Marketings ist es, die Austauschbeziehungen zwischen Unternehmen und Kunden zu analysieren und aus-zugestalten, mit dem Ziel, den Absatzerfolg zu steigern.

Von einem Marketingkonzept werden bei ganzheitlicher Betrachtung alle Unternehmensbereiche und Abteilungen erfasst.

Für die Marketingorientierung eines Unternehmens besteht die Grundlage darin, die Marketingziele auszuformulieren. In einem so genannten Marketingplan wird offen gelegt, wo das Unternehmen in einem festgelegten Zeitraum stehen will und wohin der Weg gehen soll.

Orientierung durch Ziele

Was bedeutet Marketingorientierung für das Projektmanagement?

Wenn wir das gesamte Projekt als unser Produkt ansehen, können wir eine Marketingstrategie für das Projekt erstellen. Mittels dieser Strategie oder auch eines Marketingplans können Sie als Projektmanager die Mittel und Wege bestimmen, mit denen das Projektziel erreicht werden soll. Wie Sie dabei im Einzelnen vorgehen, beschreiben klar definierte Marketingmaßnahmen.

Die vier P Klassischerweise beruht ein professionelles Marketing auf vier grundlegenden Säulen:

- Produktpolitik
- Preispolitik
- Distributionspolitik
- Kommunikationspolitik

Im Englischen werden diese vier Begriffe gerne mit vier Ps abgekürzt:
Product, Pricing, Placement, Promotion.

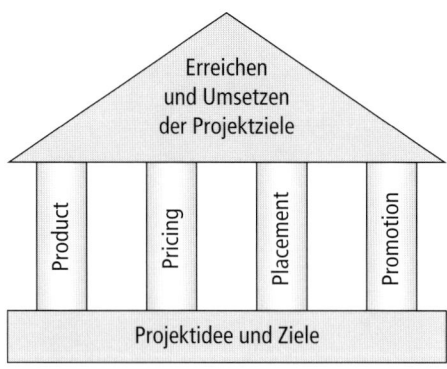

Die 4 Säulen des Marketings

Die Produktpolitik

In der Produktpolitik werden die Produkte oder Dienstleistungen entworfen, gestaltet und ins bestehende Programm sowie Sortiment eingefügt. Auch werden Kundendienst, Garantieleistungen und der Produktlebenszyklus festgelegt. Innerhalb des Projektes finden wir ebenfalls die unterschiedlichsten Produkte:

Das Projekt an sich ist das zentrale Produkt, das seinen Mehrwert erzeugt, wenn die Ergebnisse, die in diesem Projekt erarbeitet wurden, auch umgesetzt werden.

Das Projekt als Ganzes

Zwischenpräsentationen, Teilprojekt- und Abschlusspräsentation können wir genauso als Produkte ansehen, für die auch wieder eine Gegenleistung erfolgt.

Präsentationen

Sicherlich wird innerhalb eines Projektes nicht Ware gegen Geld gehandelt, sondern die Geld- oder Auftraggeber investieren bereits im Voraus Geldmittel und Arbeitszeit. Im Idealfall erwarten sie natürlich am Ende des Projektes den Abschlussbericht, der ihnen die Zielerreichung des Projektes bestätigt.

Abschlussbericht

Gerade im modernen Projektmanagement können die richtigen Informationen zur richtigen Zeit zur heiß begehrten Ware werden.

Informationen

Die Investition in ein bestimmtes Projekt ist letztendlich nur sinnvoll, wenn die Ergebnisse zusammen mit den Mitarbeitern im Unternehmen auch umgesetzt und angewendet werden.

Umsetzung und Anwendung

Die Erreichung jedes einzelnen Meilensteins oder die Ablieferung eines Teilprojektes können Sie als kleines Produkt innerhalb des Gesamtproduktes ansehen. Mit Hilfe von

Meilensteinen können Sie auch die Aufmerksamkeit des Managements auf bestimmte Ereignisse und Entscheidungen lenken.

Meilensteine Wollen Sie einen *Entscheidungsmeilenstein* erreichen, so müssen dem Management die Grundlagen für eine klare Entscheidung vorliegen. Um einen *Qualitätsmeilenstein* zu erreichen, müssen Sie die Zwischenergebnisse souverän präsentieren. Mittels eines *Zahlungsmeilensteins* sichern Sie sich auch die Finanzmittel für die Zukunft. Ein *Vertragsmeilenstein* schließlich sichert dem Auftraggeber oder dem Unternehmen die termingerechte Fertigstellung und Übergabe der Projektergebnisse zu.

Projektteam Themensitzungen, Besprechungen und Einzelgespräche können Ergebnisse oder Arbeitsaufwand hervorbringen, die Sie im weiteren Sinne als Bestandteile eines Produktes ansehen können.

Kickoff-Meeting Gerade im Kickoff-Meeting müssen Sie Ihr Projekt so überzeugend präsentieren, dass alle Beteiligten motiviert und gerne für die Erreichung der Projektziele arbeiten werden.

Die wichtigsten Fragen
für eine Produktpolitik im Projekt

Checkliste

Projektstruktur
▪ Wie soll das Projekt aufgegliedert sein?
▪ Welche Teilprojekte können definiert werden?

Marktanalyse
▪ Wie kann das Unternehmen oder der Auftraggeber seine Bedürfnisse und Wünsche damit erfüllen?
▪ Wer ist die Zielgruppe des Projektes?
▪ Was ist das Besondere an dem Projekt?

- Welche konkurrierenden Projekte gibt es?
- Wie unterscheidet sich das Projekt von konkurrierenden Projekten?
- Wie passt das Projekt in die bestehende Unternehmenskultur?

Projektmanagement
- Wie kann die Qualität des Projektes erkannt werden?
- Welche weiteren Leistungen sind um das Projekt herum angesiedelt?
- Wie wird das Projekt organisiert und wer ist dafür verantwortlich?
- Welche Sicherheiten gibt es im Projekt?
- Welche Unsicherheitsfaktoren gibt es im Projekt?
- Welche Berater und Sponsoren können hinzugezogen werden?
- Wie genau lässt sich ein Zeitplan aufstellen?
- Wie lange kann die Nachhaltigkeit des Projektes nach Abschluss gewährleistet werden?

Die Preispolitik

Jedes Produkt und jede Dienstleistung hat seinen/ihren Preis. Neben dem Preis für das Produkt selbst müssen auch die Preise des Wettbewerbs beachtet werden. Innerhalb der Preispolitik sind die Gestaltung von Zahlungsbedingungen, Rabattstaffeln und weitere Konditionen zu berücksichtigen.

Im Projekt sind Preise vielfältig vorhanden: Neben der Finanzierung und den Arbeitsleistungen finden wir verschiedenste Preise, die verhandelt werden können. Ebenfalls können Mitarbeiter, Karrierechancen und Informationen genauso wie Unterstützungsmaßnahmen und Umsetzung einen Preis für die Zielerfüllung des Projektes darstellen.

Die Preispolitik im Projekt

Checkliste

> ▦ Was wird das Projekt kosten?
> ▦ Welche Teilfinanzierungen können geplant werden?
> ▦ Welche Dienstleistungen müssen wir zu welchem Preis einkaufen?
> ▦ Wie hoch sind die Preise bei vergleichbaren Projekten?
> ▦ Was kosten konkurrierende Projekte im Verhältnis zu ihrem Nutzen?
> ▦ Welche Preisdifferenz ist durch den Mehrwert des eigenen Projektes möglich?
> ▦ Sind alle variablen und fixen Kosten sowie ein Reserveaufschlag bei der Kalkulation berücksichtigt?
> ▦ Wie kann der Preis psychologisch sinnvoll verkauft werden?
> ▦ Welche Teilzahlungen und Zahlungsmodalitäten können verhandelt werden?
> ▦ Welcher Bonus kann bei Erreichung der Projektziele gewährt werden?
> ▦ Zu welchen Bedingungen folgt die Abgabe der Projektergebnisse?

Die Distributionspolitik

Vertriebswege

Sind Produkte und Dienstleistungen entstanden und haben ihren Preis gefunden, müssen sie noch ihren Weg zum Kunden finden. Dafür können verschiedene Vertriebswege eingeschlagen werden. In der Vertriebspolitik werden die verschiedenen Vertriebswege definiert und ausgewählt. Im klassischen Marketing sind auch Aspekte wie Logistik und Entlohnungsanreize im Vertrieb wichtig bei der Festlegung der Distributionspolitik.

Gerade im Projektmanagement ist das Auffinden und die Wahl der Vertriebswege eine spannende Aufgabe. Ob Sie nun schriftliche Berichte, Präsentationen, Workshops oder das informelle Gespräch suchen, immer müssen Sie mit viel Fingerspitzengefühl entscheiden, welcher Weg der richtige sein wird.

Wichtige Fragen für die Distributionspolitik im Projekt

> - Welche Mittel können für die Zielerreichung verwendet werden?
> - Welche Wege können dabei gegangen werden?
> - Wer aus dem Projektteam kann dabei helfen?
> - Welche anderen Menschen außerhalb des Projektteams sind für das Projekt wichtig?
> - Welche Strukturen innerhalb des Unternehmens können genutzt werden?
> - Wer sind die direkten Ansprechpartner und Kunden?
> - Welche Technologien können eingesetzt werden?
> - Welche Kosten entstehen auf den einzelnen Vertriebswegen?
> - Welche Kosten entstehen bei den einzelnen Medien?
> - Wo und wie werden Informationen und Ergebnisse gespeichert und dokumentiert?
> - Welche wichtigen Stellen und Ebenen müssen informiert werden?
> - Welche Anreize können den Mitarbeitern im Projektteam in Aussicht gestellt werden?
> - Welche Kooperationen sind möglich?
> - Wie kann ein Netzwerk geschaffen werden?

Checkliste

Die Kommunikationspolitik

Heute finden Produkte und Dienstleistungen nicht mehr so einfach ihren Weg zum Kunden. Die Zeiten sind längst vorbei, als wir noch einen Nachfragemarkt hatten.

Im heutigen Angebotsmarkt muss der Kunde erst einmal von unserem Angebot wissen, damit er sich überhaupt dafür interessieren kann.

Die Informationen über Nutzen und Vorteile können über die verschiedensten Wege übermittelt werden: Werbung, Verkaufsgesprächführung, Verkaufsförderung, Öffentlichkeitsarbeit oder Eventmarketing. Um ein Projekt nach allen Seiten hin optimal zu vermarkten, können diese Wege auch modifiziert werden.

Wichtige Fragen
für die Kommunikationspolitik eines Projektes

Checkliste

- Wer soll mit den einzelnen Kommunikationsmaßnahmen angesprochen werden?
- Welche Kriterien können die Zielgruppe definieren?
- Wie ist das Lebens- und Arbeitsumfeld der Kunden?
- Über welche Medien und Kommunikationswege sind welche Kunden zu erreichen?
- Wie muss ein Kommunikationsplan aufgebaut werden?
- Welche Werbemittel sollen für das Projekt eingesetzt werden?
- Welche Berater können hinzugezogen werden?
- Welche schriftlichen Werbemaßnahmen sind sinnvoll?
- Wie wurde der Werbeplan innerhalb des Marketingplans aufgestellt?
- Wer ist dafür verantwortlich?

- Wie hoch ist das Werbebudget für das Projekt?
- Welche aktiven Kommunikationsmaßnahmen können durchgeführt werden?
- Welche Gesprächsmöglichkeiten gibt es?
- Welche informellen Kontakte können genutzt werden?
- Welche Events und Veranstaltungen können organisiert werden?
- Welche Referenzen können eingebracht werden?
- Welche Meinungsführer sind im Unternehmen wichtig?
- Welche nützlichen Kontakte gibt es innerhalb des Unternehmens?
- Wie kann die inhaltliche Botschaft möglichst einfach formuliert werden?
- Welche besonderen und einzigartigen Inhalte und Versprechen gibt es?
- Welche Möglichkeiten bieten neue Technologien für die Kampagne?
- Welche Veranstaltungen können für externe Kunden organisiert werden?

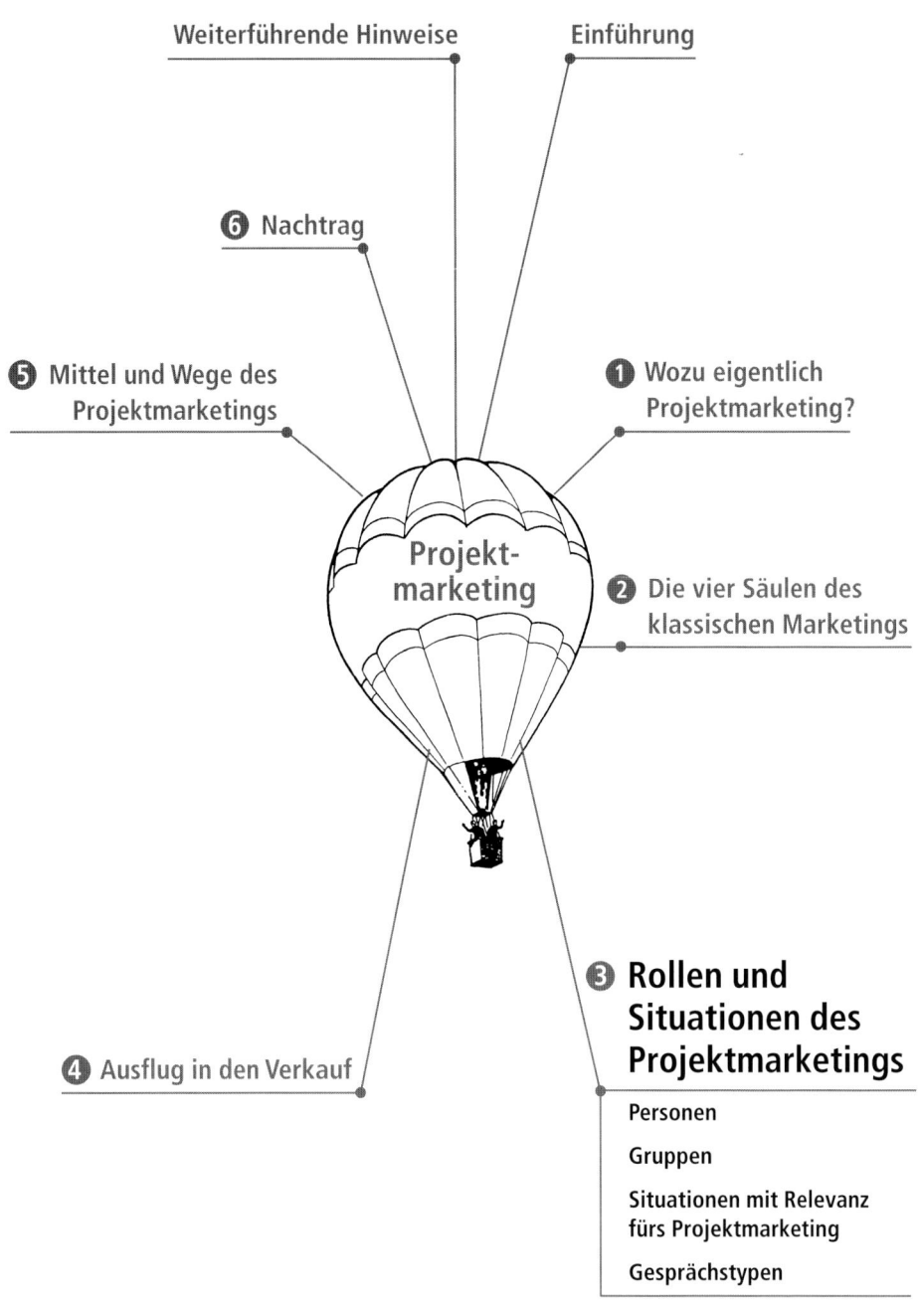

Weiterführende Hinweise

Einführung

❻ Nachtrag

❺ Mittel und Wege des Projektmarketings

❶ Wozu eigentlich Projektmarketing?

Projekt-marketing

❷ Die vier Säulen des klassischen Marketings

❸ Rollen und Situationen des Projektmarketings

Personen

Gruppen

Situationen mit Relevanz fürs Projektmarketing

Gesprächstypen

❹ Ausflug in den Verkauf

3. Rollen und Situationen des Projektmarketings

Ein effektives Marketing versucht, gezielt Zielgruppen anzusprechen und unter Berücksichtung ihrer Bedürfnisse Interesse und Kaufbereitschaft für das Produkt zu wecken. Übertragen auf die Projektsituation heißt das, die einzelnen Beteiligten entsprechend ihrer jeweiligen Rolle und Situation durch geeignete Mittel und Instrumente des Projektmarketings von den Projektzielen zu überzeugen und sie zu einer aktiven Unterstützung zu motivieren.

Welche Rollen und Situationen gibt es nun im praktischen Alltag des Projektgeschäfts? Es gibt eine ganze Reihe von verschiedenen, mehr oder weniger stark Beteiligten. Das fängt an beim Auftraggeber, geht über die betroffenen Mitarbeiter, externe Berater bis zum Projektcontroller. Alle diese Beteiligten haben verschiedene Rollen, die zudem im Verlauf des Projektes unterschiedlich zum Tragen kommen. Um ein klares Bild der „Zielgruppe" für das Projektmarketing zu erhalten, hilft es, typische Situationen vor, während und nach dem Projekt zu betrachten.

Die Phase *vor* Projektbeginn – für Berater und externe Dienstleister oft auch „Akquisephase" genannt – ist vor allem geprägt vom Bestreben des Projektinitiators, einen Projektsponsor zu finden bzw. einen potenziellen Auftraggeber vom Sinn und Nutzen des Projektes zu überzeugen.

Vor dem Projekt

Nach dem Projekt *Nach* dem Projektabschluss hat das Projektmarketing vor allem die Aufgabe, alle von den Projektergebnissen Betroffenen über die Konsequenzen und Veränderungen „aufzuklären", sofern dies nicht – idealerweise – schon im Rahmen des Projektes geschehen ist. Außerdem gilt es dann, sich nicht auf seinen – meist mühsam – verdienten Projektlorbeeren auszuruhen, sondern ganz gezielt die Meriten des Projekts zum eigenen Wohle zu vermarkten. Denn im Projektgeschäft gilt:

> **Ein gutes (und gut vermarktetes) Projekt bleibt selten allein.**

Konzentrieren wir uns nun aber auf die zentrale Phase des Projektes und seine „Spielfiguren". Da gibt es eine Reihe von Einzelpersonen; wir sollten aber auch die im Projekt existierenden Gruppen betrachten, weil diese ihre eigene „Gruppendynamik" entwickeln. Üblicherweise finden wir folgende Projektrollen:

Personen

Auftraggeber Der Auftraggeber, z. B. ein Bereichsleiter, hat das Projekt an-
(Projektsponsor) gestoßen bzw. genehmigt und die entsprechenden Mittel (Geld und Personal) zur Verfügung gestellt. Seine Motive sind dabei oft unterschiedlich: Manchmal ist es der Innovationsgeist und der Wille, eine nicht zufrieden stellende Situation zu verbessern; manchmal ist der Auftraggeber der Getriebene des oberen Managements, das vielleicht gerade ein Sparprogramm aufgelegt hat oder wegen einer Firmenfusion eine Umstrukturierung plant. Er hat daher in der Regel eine elementares Interesse daran, dass das Projekt ein Erfolg wird, andererseits oft aber Grenzen, was Zeit- und Finanzbudgets angeht. In der Regel wird er in das operative

Projektgeschäft nicht eingebunden sein. Dazu hat er schließlich auch seinen Projektleiter.

Der Projektleiter ist der Unternehmer im Unternehmen und der „Teamchef", der die ehrgeizigen Ziele und Strategien des Auftraggebers in den vorgegebenen Budgetgrenzen und Rahmenbedingungen umsetzen soll. Von ihm werden Generalistenorientierung, bereichsübergreifendes Denken, Durchsetzungsvermögen, Führungskompetenz, unternehmerisches Denken und Ausstrahlung erwartet. Er ist der Führer des Projektteams und steht, wenn etwas schief geht, im Kreuzfeuer der Kritik. Da aus der Umsetzung eines Projektes oft die Eignung für höhere Aufgaben abgeleitet wird, schwebt er dabei zwischen Karrieresprung (Projekterfolg) und Schleudersitz (Projektmisserfolg).

Projektleiter

In vielen Projekten sind wir auf die Unterstützung von Bereichen angewiesen, für die man als Projektleiter keine Weisungsbefugnis hat. Dann gilt es, die Entscheider in diesen Bereichen vom Nutzen des Projektes zu überzeugen und mit Fingerspitzengefühl die notwendige Unterstützung – wie Mitarbeiter, die freigestellt werden müssen etc. – zu „erkaufen".

Entscheider (Bereichsfürsten)

Die Auseinandersetzung mit den Entscheidern wird oft in ihrer Bedeutung für den Projekterfolg unterschätzt.

Die Projektmitarbeiter sind die „Lastesel" im Projekt und können gar nicht gut genug gefördert werden. Von ihrem Engagement, ihrer Kreativität und ihrem Einsatzwillen lebt das Projekt, und die intensive Zusammenarbeit der Projektmitarbeiter ist sowohl die Quelle für zwischenmenschliche Konflikte als auch für erstaunliche Synergien. Da die Projektmitarbeiter nach außen das Projekt verkörpern, müssen sie

Projektmitarbeiter

sich der Wirkung ihrer Aktivitäten und Gespräche mit anderen Mitarbeitern und Personen bewusst sein und diese Situationen zur „Werbung" fürs Projekt nutzen.

Spezialisten (zeitweise Mitarbeiter) Ein besonderer Fall sind die so genannten Spezialisten, die nicht im Projektteam eingebunden sind, aber deren spezielles Fachwissen für das Projekt erforderlich ist. Daher ist bei ihnen oft keine übergroße Motivation vorhanden, da sie vom Projekterfolg meist nicht profitieren. Sie einzubinden ist oft eine echte Herausforderung für den Projektleiter.

Externer Projektleiter Bei größeren Projekten mit Unterstützung externer Dienstleister oder Berater gibt es oft auch einen externen Projektleiter. Dieser fungiert meist zusammen mit dem internen Projektleiter als Doppelspitze. Daher ist deren effektive Zusammenarbeit die Grundvoraussetzung für ein Gelingen des Projektes.

Externer Projektmitarbeiter In vielen Projekten sind externe Projektmitarbeiter (Unternehmensberater, Techniker, IT-Spezialisten etc.) am Projekt beteiligt. Sie haben zwar in der Regel viel Projekterfahrung und Projektmanagement-Know-how, aber meist keine Vorstellung von der Unternehmenskultur und kennen natürlich die Beteiligten nicht. Da sie nach dem Projekt wieder aus dem Unternehmen verschwinden, müssen sie eventuelle negative Konsequenzen des Projektes nicht tragen. Dies führt manchmal zu einer distanzierten Haltung der internen Projektmitarbeiter.

Externer Auftraggeber Die externen Projektmitarbeiter arbeiten natürlich im Namen ihres Unternehmens im Projekt und daher sind sie *ihrem* Chef – in der Regel dem „Akquisiteur" – Rechenschaft schuldig. Dieser hat natürlich als *Counterpart* zum internen Auftraggeber ein großes Interesse daran, dass das Projekt zur gegenseitigen Zufriedenheit abgewickelt wird, um so eventuell Folgeaufträge und gute Referenzen zu erhalten.

Gruppen

Das Projektteam ist die zentrale Gruppe in Projekten. Ziel eines jeden Projektleiters ist es, aus Menschen, die sich oft nicht kennen und meist unterschiedliche Charaktere und Motivationen besitzen, ein eingeschworenes und schlagkräftiges Team zu bilden.

Projektteam

Ein Lenkungskreis, manchmal auch Projektbeirat genannt, ist ein wertvolles Gremium, das das Projekt mit skeptischem Abstand, wertvollen Hinweisen und in Krisensituationen mit übergeordneter Unterstützung begleiten soll. Meist sitzen wichtige Entscheider mit im Lenkungskreis, manchmal aber auch schwierige Besserwisser, denen nichts recht ist.

Lenkungskreis

Situationen mit Relevanz fürs Projektmarketing

In der folgenden Tabelle haben wir typische Situationen für ein mittelgroßes Projekt mit Beteiligung einer externen Unternehmensberatung skizziert:

	Rolle	Projektleiter (intern)	Projektmitarbeiter	Externe Projektbeteiligte
intern	Auftraggeber	Erstgespräch, **Kickoff-Sitzung,** Abschlusssitzung, Review	Fachpräsentationen, informelle Gespräche	Akquisegespräch, **Kickoff-Sitzung,** Statusgespräche, Abschlusssitzung
	Lenkungskreis	Lenkungsrunde (Projektpräsentation)	Lenkungsrunde (Unterstützung Projektleiter)	Lenkungsrunde (Fachpräsentation)

	Rolle	Projektleiter (intern	Projekt-mitarbeiter	Externe Projektbeteiligte
intern	Projektleiter		Arbeitssitzungen, Einzelgespräche, **Teamrunden**	Arbeitssitzungen, **Teamrunden,** Statusgespräche, Jour fixe
	Projekt-mitarbeiter	Statusgespräche, **Teamrunden,** Feedbackgespräch, Besprechung		Arbeitssitzungen, **Teamrunden**
	Spezialist	Arbeitssitzungen, Besprechungen	Arbeitssitzungen, Besprechungen	Arbeitssitzungen, Besprechungen
	Betroffener Mitarbeiter	Informations-veranstaltungen, Einzelgespräche	Schulungen, Einzelgespräche, informelle Gespräche	Schulungen, Einzelgespräche
extern	Projektleiter		Abstimmungs-gespräch, Jour fixe, **Teamrunde,** Statusgespräch	Arbeitssitzung, Einzelgespräche, **Teamrunde**
	Projekt-Mitarbeiter	Arbeitssitzung, Einzelgespräche, **Teamrunden**		Arbeitssitzung, **Teamrunde,** Einzelgespräch, informelles Gespräch

In all diesen Situationen wird verkauft, vermarktet und verhandelt – sei es das große Ganze, das Projekt oder Details –
wie die Bereitstellung von Daten für die Analysephase.

Die wichtigsten und häufigsten Situationen sind das Kickoff-
Treffen, die Teamrunden und die Lenkungskreisrunde.

Das Kickoff-Meeting ist der Startschuss für das Projekt. Hier   **Kickoff**
werden die Weichen gestellt für die weitere Arbeit und die
Überwindung von Hemmnissen. Hier muss der Projektleiter
das Team auf seine Aufgaben vorbereiten, klären, was jeder
vom anderen zu erwarten hat, und eine positive Spannung
aufbauen.

**Machen Sie mit dem Projektteam eine Umfeldanalyse und
Sie erhalten auf diese Weise ein gemeinsames Verständnis
der Risiken und Rahmenbedingungen für das Projekt.**

Klären Sie dazu folgende Fragen:

1. Welche externen Faktoren können sich auf den Projekterfolg positiv bzw. negativ auswirken?
2. Welchen Stellenwert hat das Projekt im Unternehmen?
3. Welche Priorität hat es im Vergleich zum Tagesgeschäft
   und weiteren Projekten?
4. Welche Engpässe können durch andere Projekte entstehen?

Überlegen Sie sich dann gemeinsam, wie Sie dem Projekt
einen guten Ruf verschaffen können.

Die Lenkungskreisrunde ist der regelmäßige Prüfstein für   **Lenkungs-**
den Projektleiter. Hier muss er nicht nur dem Auftraggeber,   **kreisrunde**
sondern auch anderen wichtigen „Bereichsfürsten" und

Managementvertretern die Projektfortschritte präsentieren, die Freigabe der erreichten Meilensteine und nötigenfalls weitere Unterstützung einholen. Hier sind schon oft hoffnungsvolle Karrieren gegen die Wand gefahren worden. Denken Sie daran: Entscheider brauchen keine belanglosen Informationen, sondern Entscheidungsgrundlagen.

Teamrunden Das häufigste regelmäßige Treffen wird die Teamrunde oder Projektteamsitzung sein. Hier wird das Projektteam zusammengeschweißt; es bildet sich eine Projektkultur, es kann aber auch bei schlechter Ausführung viel Frust und Leerlauf produziert werden. Gruppendynamische Effekte spielen eine große Rolle, und wenn der Projektleiter dies nicht berücksichtigt, können sich unverhofft Widerstände und Fronten zwischen den Teammitgliedern aufbauen, die nur schwer wieder zu beseitigen sind.

Gesprächstypen

Die genannten Personen und Gruppen treffen also im Laufe des Projektes in den unterschiedlichsten Konstellationen und Situationen zusammen. Die dabei ablaufende direkte Kommunikation in Form von Gesprächen lässt sich meist einem der folgenden vier grundlegenden Gesprächstypen zuordnen (vgl. Kapitel 5):

- Informationsgespräch – Projektarbeit und Controlling
- Entscheidungsgespräch – Planung und Krisenmanagement
- Motivationsgespräch – Teambildung und Einbinden von Betroffenen
- Konfliktgespräch – Lösung von Problemen und Dissonanzen

Natürlich können diese Gesprächstypen auch in Kombination auftreten, aber es ist hilfreich, zwischen den unterschiedlichen Hintergründen und Zwecken unterscheiden zu können. In den meisten Fällen lassen sich Ablauf und Ergebnisse deutlich optimieren.

Daneben gibt es die verschiedenen Formen der indirekten Kommunikation, z. B. mittels E-Mail, Infomaterialien etc. (vgl. Kapitel 5).

Weiterführende Hinweise

Einführung

6 Nachtrag

5 Mittel und Wege des
Projektmarketings

1 Wozu eigentlich
Projektmarketing?

Projekt-
marketing

2 Die vier Säulen des
klassischen Marketings

**4 Ausflug
in den Verkauf**

Wann müssen
Sie sich verkaufen?

Was heißt
eigentlich verkaufen?

Die fünf Phasen
des Verkaufsgesprächs

3 Rollen und Situationen
des Projektmarketings

4. Ausflug
in den Verkauf

Innerhalb des Projektsmarketings ist oft von „Verkaufen" die Rede. Innerhalb des Marketing-Mixes ist das Verkaufen an sich zwischen *Promotion* und *Placement* angesiedelt. Viele Projektmanager sagen: „Wir sind doch keine Verkäufer!" In den vorangegangenen Kapiteln haben wir versucht, Ihnen zu vermitteln, dass Sie durchaus Begeisterung für den Verkauf entwickeln sollten. Neben den vielen Mitteln des Projektmarketings, über die wir noch reden werden, ist auch die Verhaltensebene – hier eben die Technik der Verkaufsgesprächsführung – ein ganz wichtiger Aspekt für den Erfolg eines Projektes.

Was hat Verkaufen mit Projektmanagement zu tun?

Wann müssen Sie sich verkaufen?

In allen Phasen des Projektmanagements finden „Verkaufsprozesse" und „Verkaufsgespräche" statt. Am Anfang z. B. verhandeln Sie Ihre Projektideen, Sie verhandeln über Budget und personelle Ressourcen. Während des Projektes müssen Sie immer wieder Ihren Kollegen, Mitarbeitern, der Geschäftsleitung, ja vielleicht auch der Kundenseite, den Nutzen des Projektes vermarkten. Hat Ihr Projekt ein Ergebnis erzielt, müssen Sie dieses schließlich der Belegschaft „promoten", damit Akzeptanz, Umsetzung und die Bereitschaft zur Anwendung entstehen. Es sieht so aus, als ob Sie in keiner Phase eines Projektes um den Verkaufsprozess herumkommen.

Verkaufen in allen Phasen

Was heißt eigentlich verkaufen?

Bevor wir in das Verkaufsgespräch einsteigen, sollten wir uns
fragen: Was verstehen wir eigentlich unter verkaufen? Damit
wir über eine gemeinsame Grundlage verfügen, möchte ich
Ihnen eine Definition vorschlagen:

> **Verkaufen heißt:**
> **dem Kunden durch ein gutes Gespräch zu helfen, das**
> **Produkt oder die Dienstleistung zu bekommen, die er**
> **braucht, um sich seine Wünsche zu erfüllen, und ihm**
> **dabei ein gutes Gefühl zu geben, und zwar vor, während**
> **und nach dem Kauf.**

**Keine
Drückermentalität**

Was bedeutet diese Definition für unser Projektmarketing?
Wenn wir uns diese Definition etwas näher ansehen, hat
die von uns beschriebene Art des Verkaufs nichts mit
irgendeiner Drückermentalität zu tun. Der Verkäufer, also
der Projektmanager, soll Partner des Kunden, also der
Mitarbeiter, Abteilungsleiter und Unternehmenskunden,
sein und ihm helfen.

Der Projektmanager hilft somit anderen Menschen, diejenigen Leistungen oder Ergebnisse zu bekommen, die zum Erreichen der Ziele benötigt werden. Jeder Mensch hat seine
persönlichen Wünsche, auch im Projekt. Deshalb wird ein
Projektmanager besonders erfolgreich sein, wenn er die
Wünsche seiner Partner erfüllt und ihnen dabei ein gutes Gefühl vermittelt. An diesem Punkt können wir auch eindeutig
Scharlatane ausgrenzen: Wer unseriös verkauft und einen
schnellen Euro machen will, gibt dem Kunden bestimmt kein
gutes Gefühl nach dem Kauf. Wie oben angesprochen, ist
aber gerade die Nachhaltigkeit und Umsetzung eines Pro-
jekterfolges von Bedeutung für den Unternehmenserfolg.

Die fünf Phasen des Verkaufsgesprächs

Auf den folgenden Seiten möchten wir Ihnen die Struktur des Verkaufsgesprächs innerhalb von fünf Phasen vorstellen. Für die meisten Menschen ist es nützlich, wenn sich ihre Denkmodelle innerhalb von Strukturen bewegen. So ist es sinnvoll, ein Verkaufsgespräch in verschiedene Phasen aufzugliedern, damit man sich auch während des Führens eines Verkaufsgespräches an eine Struktur halten kann.

Gesprächsstruktur

Für das Führen eines Verkaufsgesprächs, gerade und auch für das Projektmanagement, schlagen wir Ihnen folgende fünf Phasen vor:

1. Phase: Die Aufwärmphase
2. Phase: Was sind die Bedürfnisse und Wünsche des Kunden?
3. Phase: *Entertainment* im Projekt – die Präsentation des Angebots
4. Phase: Das Preisgespräch
5. Phase: Die gemeinsame Vereinbarung

Sicherlich wird ein Gespräch nicht immer genau nach dieser Struktur verlaufen. Ebenfalls werden Sie feststellen, dass Sie immer wieder zwischen einzelnen Phasen wechseln werden. Jedoch hilft uns dieses Denkmodell, in Standardsituationen automatisch reagieren zu können. Haben wir so eine Struktur verinnerlicht, können wir gerade in außergewöhnlichen Situationen unsere Ressourcen für andere wichtige Aspekte verwenden.

1. Die Aufwärmphase

Ein Mitarbeiter, der seit über zehn Jahren verantwortungsvoll in einem Unternehmen arbeitet, ist zu einem Meeting eingeladen worden. In diesem Meeting soll es um seine Mitarbeit in einem Verbesserungsprojekt des Unternehmens gehen. Aus

Beispiel

dem Einladungsschreiben zu diesem Meeting waren weder Tagesordnungspunkte noch Beteiligte des Meetings ersichtlich. In der Mittagspause hatte dieser Mitarbeiter von Kollegen gehört, dass am Meeting nur vier Personen teilnehmen sollten: sein Abteilungsleiter, der Bereichsleiter, der Projektleiter für das zu besprechende Projekt und er selbst.

Aus dem Text des Einladungsschreibens war ersichtlich, dass es um ein neues Projekt ginge, für das die Grundlagen in diesem Meeting geschaffen werden sollten. Als er durch die Büros und Verwaltungsgebäude des Unternehmens geht, sieht er schon einige wenige Informationstafeln und gedruckte Poster, die ebendieses Projekt betreffen und bewerben. Die grundlegenden Pfeiler für das Projekt sollten also wohl doch nicht mehr festgelegt werden. Als der Mitarbeiter nun das Besprechungszimmer betritt, sitzen tatsächlich die drei eben beschriebenen Personen im Zimmer, und zwar in einer Reihe an einem großen Tisch. Auf der anderen Seite dieses Tisches steht ein einzelner Stuhl: für ihn.

Motivations-bedingungen

Nur lieber Leser, was meinen Sie: Sind das die richtigen Bedingungen für ein „motivierendes" Verkaufsgespräch, in dem ein Mitarbeiter für die Unterstützung eines Projektes gewonnen werden soll? Wird der Mitarbeiter ein gutes Gefühl haben? Selbst viele Verkäufer sind der trügerischen Meinung, dass ein Verkaufsgespräch mit den ersten Worten zwischen Verkäufer und Kunde beginnt.

Ein Verkaufsgespräch, mag es ein Motivationsgespräch, ein Informationsgespräch oder sogar ein Gehaltsgespräch sein, beginnt schon lange vor dem eigentlichen Gespräch. Ein Projektleiter hat eine Menge Aufgaben bereits vor dem tatsächlichen Gespräch zu lösen.

Vorbereitung aufs Verkaufsgespräch

Checkliste

- Welches Ziel habe ich?
- Was will ich erreichen?
- Wie werden meine Partner agieren oder reagieren?
- Welches sind die Schritte, mit denen ich ans Ziel kommen kann?
- Welche Ziele werden meine Gesprächspartner verfolgen?
- Welche Einwände können vorgetragen werden?
- Welche subjektiven und objektiven Einflüsse muss ich berücksichtigen?
- Welche äußeren Faktoren, die ich nicht beeinflussen kann, muss ich berücksichtigen? Welche Strategie kann ich entwickeln und anwenden?
- Wie kann ich meine Gesprächspartner motivieren?
- Wie kann ich eine gute Gesprächsatmosphäre schaffen?
- Welchen Raum möchte ich dafür verwenden?
- Sind alle Unterlagen und Präsentationen vollständig?
- Habe ich wirklich alles unternommen, um das Gespräch optimal zu führen?
- Was bin ich selber bereit zu investieren, um mein Gesprächsziel zu erreichen?

Persönliche Beziehungspflege

Die absolute Basis für gutes Verkaufen ist die zwischenmenschliche Beziehung. Ein guter Verkäufer muss Menschen mögen! Zeigen Sie Interesse für Ihre Gesprächspartner! Jeder Mensch ist so veranlagt, dass er bewundert werden will. Was wissen Sie eigentlich über die Hobbys, die Familie, die Kinder, den letzten Urlaub oder andere Interessen Ihrer Gesprächspartner? Ein persönlicher Einstieg hilft unbedingt, Schranken abzubauen, und schafft sogar Gemeinsamkeiten. Verkaufsprofis führen von ihren besten Kunden eine kleine Kartei, in der sie nicht nur Umsatzzahlen und Besuchstermine vermerken, sondern auch Geburtstage, Hobbys,

Informationen zum Privatleben. Wenn Sie sich zu Beginn eines Gespräches über private und andere Themen abseits vom Geschäft unterhalten, haben Sie die Möglichkeit, Ihre persönliche Beziehung aufzubauen und zu steigern. Reden Sie aber nicht nur über Ihre eigenen Interessen, sondern interessieren Sie sich für die des anderen.

Stellen Sie sich einmal vor, einer Ihrer Kollegen ärgere sich wegen einer Urlaubssperre, klage über Arbeitsüberlastung oder habe finanzielle Nöte, so dass er sich keinen Urlaub leisten kann; in dieser Situation erzählen Sie ihm von Ihrem letzten Traumurlaub. So werden Sie bestimmt keinen motivierten Mitstreiter für Ihr Projekt gewinnen!

Atmosphäre auflockern Natürlich können Sie nicht immer ein ausführliches Gespräch über Hobbys und Allgemeinplätze am Anfang eines Gespräches pflegen. Aber wenigstens ein oder zwei menschliche Worte können die gesamte Gesprächsatmosphäre auflockern und für den Verlauf des Gespräches Wunder wirken.

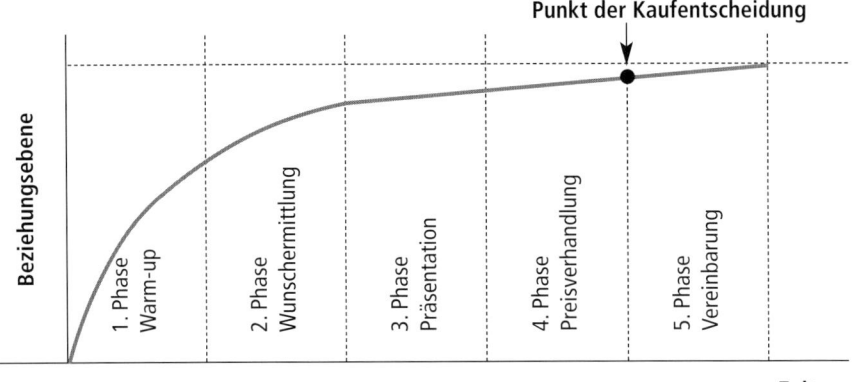

Die Kaufentscheidung wird schneller fallen, wenn die Beziehung gewachsen ist

2. Was sind die Bedürfnisse und Wünsche des Kunden?

In so manchem Verkaufstraining wird die zweite Phase des Verkaufsgesprächs immer noch „Bedarfsermittlung", manchmal noch schlimmer „Qualifizierung des Kunden", genannt. Leider wird hier ein ganz wesentlicher Aspekt vergessen: Der Mensch ist schließlich ein Mensch und will auch so behandelt werden! Wenn der Mitarbeiter zu Ihnen kommt und noch etwas Arbeit für das Wochenende mit nach Hause nehmen möchte, weil er gerade dieses Wochenende allein ist und sich sonst langweilen würde, müssen Sie ihm nichts verkaufen. Das Verkaufen beginnt erst dann, wenn ein anderer Mitarbeiter zu Ihnen gesagt hat: „Dieses Wochenende habe ich leider überhaupt keine Zeit." Hier wird es interessant:

Verkaufen beginnt beim Nein des Kunden

Sie müssen erst einmal den Standpunkt Ihres Kunden ergründen. Sinnvoll ist es jetzt, sich in die Rolle des anderen zu versetzen und einmal aus seinem Blickwinkel heraus die Lage zu betrachten. Spielen Sie also den Beobachter, versuchen Sie aus der Sicht des Kunden zu sehen, zu fühlen, zu denken und zu reden.

An dieser Stelle müssen Sie versuchen, die Bedürfnisse und Wünsche Ihres Gesprächspartners zu ermitteln. Versuchen Sie, besonders die Wünsche herauszufinden.

Ihnen ist die alte Geschichte vom Eisberg schon bekannt? Bestens! Dann genießen Sie jetzt die Wiederholung: Der Eisberg als Bild liefert uns die wesentlichen Grundlagen, wie wir mit dem Inneren des Kunden umzugehen haben. Die besondere Eigenschaft eines Eisbergs ist bekannt. Nur ein Siebtel ragt aus dem Wasser heraus, während die anderen sechs Siebtel unter Wasser verborgen sind. Dieses Bild können wir auf den Menschen übertragen, wie er seine Entscheidungen trifft. Der Teil des Eisbergs, der aus dem Wasser

Warum kaufen Menschen lieber, wenn wir ihre Wünsche erfüllen?

ragt, entspricht dem Kopf des Menschen. Die sechs Siebtel, die unter Wasser liegen, entsprechen dem Bauch des Menschen. Der Mensch hat zwei unterschiedliche Arten, seine Entscheidungen, ja auch seine Kaufentscheidungen, zu fällen: im Kopf oder im Bauch. Im Durchschnitt fällt der Mensch nur etwa ein Siebtel seiner Kaufentscheidungen aus dem Kopf heraus. Das sind dann die berühmten Kopfentscheidungen. In solchen Fällen hören Sie oft ähnliche Worte wie: „Da müssen Sie vernünftig sein!"

Tatsächlich entscheidet der Mensch zum überwiegenden Teil aus dem Gefühl und aus dem Bauch heraus, denn das ist der Bereich, wo wir uns unsere Wünsche erfüllen.

Auch Sie können im Verkaufsgespräch die Wünsche Ihrer Mitarbeiter erfüllen.

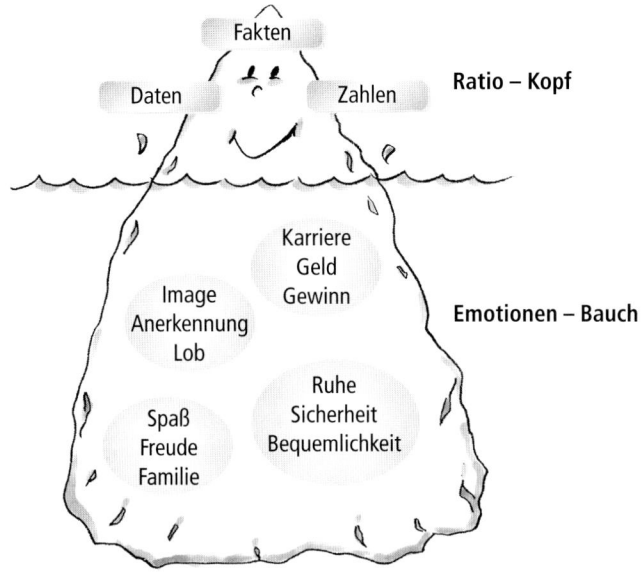

Das Eisberg-Modell

Ihre Mitarbeiter wollen Lob oder Anerkennung erhalten. Ihre Kollegen wünschen sich, gemeinsam ein Ziel zu erreichen und die Erfolge auch gemeinsam feiern zu können. Ihre Geschäftsführung erfüllt sich den Wunsch nach Sicherheit für den erfolgreichen Abschluss eines Projektes. Ihre Kunden haben Ihnen den Auftrag gegeben, weil sie auf die Sicherheit und Qualität eines kompetenten und zuverlässigen Geschäftspartners vertrauen und lieber mit Partnern zusammenarbeiten, mit denen es Spaß macht zu arbeiten.

Bedürfnisse und Wünsche von Mitarbeitern, Geschäftsführung oder Kunden

Bei unseren Trainings und Schulungen ist der Bedarf der Unternehmen beispielsweise Mitarbeiterqualifizierung. Der Wunsch dieser Unternehmen ist aber, motivierte Mitarbeiter zu haben, die Umsätze zu steigern, die Rendite zu erhöhen oder Projekte erfolgreicher abzuschließen.

Um zu erfahren, welche Bedürfnisse und Wünsche unser Gesprächspartner hat, müssen wir ihn nur fragen und dann sorgfältig zuhören. Wir erhalten viele Signale, die uns zeigen, was er will. Achten Sie darauf und lernen Sie, diese zu hören. Aus den Botschaften des Kunden werden Sie neue Fragen entwickeln, diese stellen und wiederum gut zuhören. Diese Art der Gesprächsführung nennt man auch „proaktives Zuhören". Lassen Sie Ihre Gesprächspartner immer ausreden. Oft wird das Wichtigste erst zum Schluss gesagt.

Signale verstehen

Wenn sich Menschen unterhalten, führt derjenige das Gespräch an, der die Fragen stellt. Er kann auch bestimmen, in welche Richtung das Gespräch gelenkt wird. Werden Sie selbst zu oft gefragt, dann beantworten Sie jeweils die Frage und stellen Sie sofort eine Gegenfrage, damit der Kunde angeregt wird, über seine eigenen Wünsche nachzudenken. Über die hohe Kunst der Fragetechnik werden wir an anderer Stelle in diesem Buch ausführlich berichten.

Wer fragt, der führt

Welche Fragen können Sie vorbereiten?

_____

_____

_____

_____

Ausflug in das Innenleben eines Menschen Lassen Sie uns zum Thema Verkaufsgesprächsführung und Fragetechnik noch einen kleinen Ausflug in das Innenleben unseres Kunden machen:

Lieber Kunde, wir sind hier zusammengekommen, weil du innerhalb dieses Projektes bestimmte Bedürfnisse und Wünsche hast und ich dir dabei helfen möchte, diese zu verwirklichen. Wenn ich dir aber bei deinen Aufgaben und Problemen in diesem Projekt helfen soll, muss ich zuerst deine Wünsche und Bedürfnisse kennen. Deswegen möchte ich dir vorher gerne einige Fragen stellen: Was ist dir wichtig innerhalb dieses Projektes? Mit welchen Problemen kämpfst du, und wie hast du sie bisher gelöst? Wie passt der Verlauf des Projektes in deine Wünsche und Lebensgewohnheiten? Was bedeutet es für dich, wenn das Projekt nicht erfolgreich abgeschlossen werden kann? Worauf müssen wir beide besonders achten, damit du in diesem Projekt mit einem guten Gefühl arbeiten kannst? Ich habe mich gut auf dieses Fragespiel vorbereitet. Notfalls habe ich eine Checkliste mit Fragen dabei, damit wir auch keinen Aspekt auslassen. Ich will dir nur etwas verkaufen, was dir für den Erfolg des Projektes auch dient und womit du lange Spaß haben kannst.

Versuchen Sie bei Ihrem nächsten Gespräch einmal, mit dieser Einstellung an die Klärung von Bedürfnissen und Wünschen heranzugehen.

3. Entertainment im Projekt –
die Präsentation des Angebots

Als guter Projektmanager können Sie viele Chancen nutzen, um Ihren Kunden mit Worten und Taten zu beweisen, dass Sie ihnen nützlich sein wollen; vielleicht sogar nützlicher als die anderen. Nachdem Sie die Wünsche und Bedürfnisse herausgefunden haben, müssen Sie jetzt ein Angebot präsentieren. Wir sagen bewusst nicht „machen", sondern „präsentieren"! An dieser Stelle ist der Showmaster in Ihnen gefragt. Und malen Sie dem Kunden in allen Farben aus, wie er sich seine Wünsche und Bedürfnisse mit Ihrem speziellen Angebot erfüllen kann.

Wenn auf Grund Ihrer Präsentation auf den ersten Blick erkannt werden kann, dass Sie alle Bedürfnisse und Wünsche berücksichtigt haben, wird Ihnen deutlich mehr Vertrauen entgegengebracht als eventuellen Mitbewerbern.

(Das gilt übrigens auch, wenn Sie sich selber präsentieren, um vielleicht einen kleinen Karrieresprung zu machen.)

Gestalten Sie um die Präsentation Ihres Angebots herum eine gelungene Dramaturgie. Wenn Sie die Wünsche gut ermittelt haben, wird es für Sie kein Problem sein, dem Kunden eine Angebotsshow zu präsentieren, die ihm dramaturgisch gut gestaltet vor Augen führt, wie er seine Wünsche erfüllt bekommt. Haben Sie dem Kunden gut zugehört, als er Ihre Fragen beantwortet hat, wird es für Sie ein Leichtes sein, die Argumente und Wünsche des Kunden zu wiederholen und ihm dabei vor Augen zu führen, wie Sie seine Probleme lösen können. Jetzt haben Sie auch den Vorteil, dass Sie über den Nutzen hinaus, den der Kunde erwartet hat, noch zusätzliche Argumente und Vorteile anfügen können.

Die Kunst der Inszenierung

Rationale Rechtfertigung

Damit der Kunde nicht nur seine Wünsche befriedigen kann, helfen Sie ihm noch mit einigen Argumenten für den Kopf. Die so genannte „rationale Rechtfertigung" hilft dem Kunden, auch verstandesmäßig die Entscheidung zu untermauern. Zahlen, Daten und Fakten sind die sachlichen Argumente für die Kopfentscheidung.

Sollte Ihr Gesprächspartner merklich unentschlossen sein und zögern, so schlagen Sie ihm einen Listencheck mit den jeweiligen Plus- und Minuspunkten vor. Wenn er etwas schwarz auf weiß vor Augen sieht, kann er sich in den meisten Fällen wesentlich leichter entscheiden. Diese Methode funktioniert übrigens auch sehr gut in vielen Personalgesprächen oder wenn Sie Ziele definieren müssen.

Wenn in dieser Phase Einwände formuliert werden, zeigt das die Unsicherheit des Kunden. Viele Kaufabschlüsse sind für den Kunden ein Wagnis, ja er kann sogar Angst davor haben. Deshalb ist es eine Ihrer wichtigsten Aufgaben, dem Kunden die notwendige Sicherheit zu geben. Vermitteln Sie dem Kunden das Gefühl, die richtige Wahl getroffen zu haben und Ihnen vertrauen zu können.

Wenn jetzt schon Einwände kommen

Sie haben Ihr Angebot professionell präsentiert und noch nicht einmal über den Preis geredet, da hat der Kunde schon Einwände? Böse formuliert könnten wir jetzt sagen: Da haben Sie Ihre Hausaufgaben nicht richtig gemacht und in der Wunschermittlung zu wenig gefragt. Nutzen Sie also jetzt die Chance, die richtigen Fragen zu stellen, indem Sie in die Phase der Wunschermittlung zurückgehen. Wenn Sie jetzt gut gefragt haben, dann werden Sie im Verkaufsgespräch auch weiterkommen. Sollten doch einmal von einem Kunden immer wieder neue Einwände kommen, so kann es sein, dass er vielleicht gar nicht kaufen will! Einige kleine Testfragen helfen Ihnen herauszufinden, ob der Kunde kaufen will oder nicht: „Darf ich Ihnen noch eine Frage stellen? Was kann ich

jetzt noch dafür tun, dass Sie sich entscheiden können?"
Oder: „Was hält Sie jetzt noch davon ab, sich zu entscheiden?"
Spätestens zu diesem Zeitpunkt sollten Sie eine ehrliche Ant-
wort bekommen.

4. Das Preisgespräch

Während des gesamten Verkaufsgesprächs haben wir die
Chance, die Wertvorstellung dessen, was wir verkaufen wollen, im Kopf unseres Gesprächspartners zu erhöhen. Kommen wir zu der Nennung des Preises oder dessen, was der andere dafür tun soll, so müssen wir die Spannung aushalten
können, die bei der Nennung des Preises entsteht. Schaffen
Sie es, den Preis mit dem notwendigen Selbstbewusstsein zu
nennen, ist die Schranke etwas höher, dass der Kunde beginnt
über den Preis zu verhandeln. Leider hat sich das Verhalten
vieler Kunden im Preisgespräch durch den Fall des Rabattge-
setzes und die Berichterstattung in den Medien in den letzten Jahren radikal geändert.

Die Nennung des Preises sollte erst erfolgen, wenn Sie einen **Wie Sie den Preis**
Großteil Ihrer Angebotspräsentation durchgeführt haben. **nennen**
Jetzt ist es Ihre Aufgabe, den Preis für den Kunden auch schön
zu verpacken. Bevor Sie also den Preis nennen, wiederholen
Sie nochmals zwei oder drei der wichtigsten Angebotsmerk-
male und nennen dann den Preis. Wichtig dabei ist: Ihr
Produkt oder Angebot „kostet" den Kunden nicht, sondern
er „bekommt es für …". Vergessen Sie nach der Nennung des
Preises nicht, weitere Servicepunkte oder Qualitätsmerkma-
le anzuführen. Das rundet die Verpackung des Preises ab.
Manche sprechen in diesem Zusammenhang von der Sand-
wich-Methode.

Das neueste Modell dieser Digitalkamera mit zwei auswechsel- **Beispiel**
baren Akkus und einer Auflösung von 3,3 Millionen Pixel
verfügt außerdem über die von Ihnen gewünschte USB-Schnitt-
stelle zu Ihrem Computer. Komplett mit einer erweiterten

Chipkarte und einer Tasche bekommen Sie diese Kamera bei uns für nur 499 €. Darin enthalten ist auch eine kleine Einweisung in die Kamera durch uns und unsere erweiterte Garantie auf zwei Jahre.

Welche Preise kann es im Projektmanagement geben? Wie im richtigen Leben, so ist es auch im Projektmanagement: Geben und Nehmen! Wenn Sie von den anderen nur ihr Bestes haben wollen, nämlich deren Zeit oder Geld, dann müssen Sie auch die Bereitschaft haben, etwas dafür zu geben. Genau deswegen reden wir so ausführlich über den Ablauf eines Verkaufsgesprächs. Gerade als Projektmanager ist es Ihre Aufgabe, Leistungen und Geldmittel mit anderen zu verhandeln. Nun, im Projekt wird nicht gerade Ware gegen Geld ausgetauscht, sondern die Möglichkeiten des Tauschhandels sind vielfältiger. So vielfältig sind auch die Produkte, Dienstleistungen und Preise, die verhandelt werden können:

Geldmittel Ein Projekt kommt nicht ohne ein ausreichendes Budget aus. Auch einzelne Maßnahmen wie Intranetauftritt, Poster, Mitarbeiter-Zeitungen oder Events kosten Geld. Kennen Sie die Wünsche der Geldgeber, so können Sie in den Verhandlungen wesentlich leichter weitere Geldmittel locker machen als nur in spröden trockenen Präsentationen.

Arbeitsleistung Immer wieder kommt es vor, dass Sie die Mitarbeit von Kollegen in Anspruch nehmen müssen, die nicht direkt in das Projektteam eingebunden sind. Haben Sie eine kleine Gegenleistung vorbereitet oder nach den Wünschen dieses Kollegen gefragt, so lassen sich viele Menschen wesentlich leichter zu einer Mitarbeit motivieren.

Projektbeauftragung Noch bevor ein Projekt beginnen kann, müssen Geschäftsführung, Kunden oder Sponsoren von einer Projektidee überzeugt werden. Wenn Sie sich schon im Vorfeld nach den Wünschen der einzelnen Partner erkundigen, lassen sich bei entsprechenden Verhandlungen, in denen den Partnern aufgezeigt wird, wie ihre Wünsche erfüllt werden, die Menschen schneller von einer Idee begeistern.

Mitarbeit

Sie brauchen noch einen fähigen Kollegen als Teammitglied? Dieser zeigt aber wenig Begeisterung bei Ihnen mitzumachen? Zeigen Sie ihm, wie seine Mitarbeit im Projekt für ihn selber nützlich werden kann!

Informationen

Gerade als neu bestellter Projektleiter stellt man fest: So mancher vorher bestehende Informationskanal versiegt auf einmal. Um weiterhin mit den neuesten Informationen, die gerade auch für das Projekt wichtig sind, versorgt zu werden, dürfen informelle Kontakte wie der gesellige Abend in der Kneipe nicht ausgelassen werden. Denken Sie aber auch hier daran: Seien Sie den anderen nützlich und erfüllen Sie ihre Wünsche.

Unterstützung

Gibt es jemanden in Ihrem Unternehmen oder auf Kundenseite, der bei Entscheidungen ein gewichtiges Wörtchen mitzureden hat? Wenn es für Sie wichtig ist, dass er immer wieder den Daumen nach oben hebt und seine Zustimmung signalisiert, dann sollten Sie auch diesem Menschen vor Augen führen, wie Sie und die Weiterentwicklung des Projektes für ihn nützlich sein können.

Umsetzung

Das Projekt ist erfolgreich beendet worden, jetzt fehlt nur noch die Umsetzung und die Anwendung. Wie viel leichter fällt es doch, die Mitarbeiter eines Unternehmens für die Umsetzung neuer Ideen zu motivieren, wenn die Mitarbeiter selber sehen, wie nützlich das für sie sein oder wie sogar der eine oder andere kleine Wunsch dabei erfüllt werden kann. Nutzen Sie also Erkenntnisse, die Sie aus einzelnen Gesprächen gewonnen haben, um sie in Präsentationen und Schulungen als Ihr Angebot wieder zu verwenden.

Die Werterhöhung im Kopf des Kunden Ist dem Kunden der Preis für ein Produkt oder eine Dienstleistung zu hoch, dann hat es der Verkäufer noch nicht geschafft, die Wertvorstellung im Kopf des Kunden mit der tatsächlichen Höhe des Preises in Einklang zu bringen. Erst wenn die Wertvorstellung und der Preis eine gleiche Ebene erreicht haben, kann der Kauf erfolgen. Im Projektmanagement können wir dann auch von Motivation sprechen. Alles andere wäre Druck.

Der Wert einer Gegenleistung ist auch vom Blickwinkel des Betrachters abhängig.

Wenn Sie also im Projektmanagement von anderen etwas haben wollen, so müssen Sie Ihre Gegenleistung – sei sie noch so klein – in das richtige Licht rücken. Heben Sie die von Ihnen dargestellten Nutzenaspekte und Vorteile so hervor, dass sie Ihrem Gesprächspartner als mindestens gleichwertig erscheinen.

Diese Werterhöhung können Sie natürlich nur erreichen, wenn Sie in der Phase der Wunschermittlung auch richtig zugehört und ein individuelles Angebot gemacht haben.

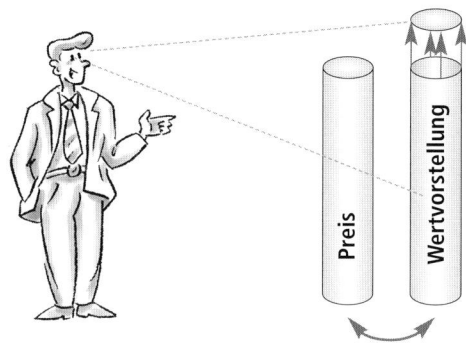

Austausch: Den Wert vor den Preis stellen

Bereits in Phase 1 des Verkaufsgesprächs haben wir Sie aufgefordert, für eine gute Gesprächsatmosphäre zu sorgen und eine gute Beziehung zu Ihrem Gesprächspartner aufzubauen. Denn gerade die gute Qualität der Beziehung zum Kunden ist im Preisgespräch außerordentlich wichtig. Das Beziehungsmanagement ist nicht nur die Grundlage einer Geschäftsbeziehung, die in die Zukunft ausgerichtet ist, sondern wird Ihnen bei Ihren Preisverhandlungen wertvolle Dienste leisten. Bis zum Preisgespräch hatten Sie die Chance, eine von menschlicher Zuneigung geprägte Beziehung aufzubauen. Haben Sie das geschafft, wird die Wahrscheinlichkeit geringer, dass die Forderungen des Verhandlungspartners unangemessen hart formuliert oder sogar unverschämt werden. Auch Sie werden mit einem Menschen, zu dem Sie eine gute Beziehung aufgebaut haben, etwas menschlicher und vorsichtiger umgehen als mit einer Führungskraft, die nur auf Druck und Kontrolle setzt.

Wie wichtig ist die Beziehung zum Kunden im Preisgespräch?

5. Die gemeinsame Vereinbarung

Eine typische Frage in unseren Verkaufstrainings lautet: „Was kommt am Ende des Verkaufsgesprächs?" – Antwort: „Der Abschluss." So weit, so gut. Das Märchen vom abschlussorientierten Verkaufen haben viele Verkaufstrainer – und tun es noch immer – in den letzten Jahrzehnten ihren Seminarteilnehmern immer wieder erzählt, bis sie es geglaubt haben. Schade eigentlich. Denn mit dem Abschluss wäre für mich als Verkäufer die Sache erst einmal erledigt. Aber gerade der Auftrag des Kunden kann doch der Beginn einer langen Geschäftsbeziehung sein. Darum lohnt es sich, wenn wir an dieser Stelle einmal den Blickwinkel wechseln. Sicher, als Verkäufer wollen wir immer unseren Abschluss, sprich den Kaufvertrag, erreichen. Doch was wird passieren, wenn wir ihn nicht bekommen? Haben wir als Verkäufer dann verloren?

Der Abschluss

Grundmotivation Auch ein Verkäufer braucht für das erfolgreiche Führen von Gesprächen eine Grundmotivation. Wenn Sie als Projektmanager beispielsweise einen Mitarbeiter zur Mitarbeit begeistern wollen, haben Sie sich vorher auch eine Grundmotivation aufgebaut.

Nehmen wir an, das Gespräch mit diesem Mitarbeiter verläuft anfangs sehr gut, die Aufwärmphase ist von Ihnen bestens gestaltet, und deswegen wächst langsam auch Ihre Motivation. Sie fragen den Mitarbeiter nach seinen Wünschen, nach seinen Zielen und seinen Befindlichkeiten. Aus den Antworten des Mitarbeiters können Sie schließen, dass er genau der richtige Kandidat wäre und sicherlich auch die notwendige Motivation dafür aufbringen könnte. Ihre eigene Motivation steigt weiter.

Erwartungshaltung Jetzt machen Sie dem Mitarbeiter ein attraktives Angebot, Ihre Augen leuchten, Ihre Motivation sprüht. Der Mitarbeiter lächelt und nickt zustimmend. Sogar den Preis, den er dafür erbringen müsste, findet er nicht zu hoch. Ihre hohe Motivation ist bereits in eine Erwartungshaltung übergegangen, in der Sie als Sieger aus diesem Gespräch gehen.

Doch plötzlich sagt der Mitarbeiter: „Das muss ich mir noch einmal überlegen." Oder: „Ich muss das noch einmal mit meinem Chef und meiner Frau zu Hause besprechen. Ich werde mich dann bei Ihnen wieder melden."

Was wird in diesem Moment mit Ihrer Motivation passieren? Wahrscheinlich wird sie bodenlos in den Keller fallen. Schade um die Zeit, die Sie mit diesem Gespräch verbracht haben. Frustriert gehen Sie in Ihre Abteilung und lassen Ihre Enttäuschung die anderen Mitarbeiter spüren.

So weit das Beispiel eines abschlussorientierten Verkaufens. Wie wird sich der Umgang mit unserer Motivation ändern, wenn wir hier den Blickwinkel etwas anders setzen: Lassen Sie uns versuchen, mit dem Gesprächspartner eine gemeinsame Vereinbarung zu treffen. Sicherlich ist unser oberstes Ziel auch weiterhin das Ziel unseres Gespräches, doch wird unsere Motivation nicht so weit abstürzen, wenn wir weitere Ergebnisse und Zwischenziele vorbereitet haben, auf die wir ausweichen können.

Der Auftrag oder unser Ziel kann ja immer noch zu erreichen sein, vielleicht etwas später. Bereiten Sie sich deshalb auf weitere gemeinsame Vereinbarungen mit Ihrem Kunden für das jeweilige Gespräch vor. Wenn Sie Ihr oberstes Ziel nicht erreichen, dann versuchen Sie es mit dem nächsten. Wenn Sie dieses nicht erreichen, versuchen Sie es wieder mit einer Stufe tiefer. Ihr absolutes Ziel sollte bei jedem Gespräch sein: Treffen Sie wenigstens eine gemeinsame Vereinbarung mit Ihrem Gesprächspartner.

Gemeinsame Vereinbarungen

Welche Vereinbarungen können Sie in Ihren Verkaufsgesprächen treffen?

Checkliste

- Ein weiteres Gespräch vereinbaren.
- Weitere Personen werden hinzugezogen.
- Ein gemeinsamer Termin bei einem Vorgesetzten.
- Die Möglichkeit der Präsentation vor einem Gremium.
- Der Versuch, ein Teilprojekt zu starten.
- Die versuchsweise Einführung von Änderungen.
- Das Setzen von Teilzielen oder Teilschritten.
- Das Verhandeln einer Gegenleistungsstrategie.
- Die Vereinbarung einer Testphase.
- Die Ausarbeitung eines neuen Angebots.
- Das Hinzuziehen von weiteren Informationen.

Welche Vereinbarungen können Sie in Ihrem Projekt treffen?

_____

_____

_____

_____

_____

_____

Lassen Sie Ihrem Gesprächspartner die Wahl

Gerade als einfühlsamer Projektmanager haben Sie für Ihren Kunden mehrere Alternativen zur Auswahl vorbereitet. Auch bei unangenehmen Entscheidungen hat der Gesprächspartner lieber die Wahl zwischen zwei unangenehmen Alternativen, als vor bestehende Entscheidungen gestellt zu werden. Stellen Sie diese Alternativfragen dabei so, als ob Ihr Gesprächspartner schon gekauft hätte.

Bei folgenden Fragen hat Ihr Kunde die Wahl:

Checkliste

- Wollen wir uns nächsten Dienstagvormittag oder am Mittwochnachmittag treffen?
- Sollen wir das Projektbudget auf sechs Monate aufteilen oder für ein halbes Jahr festmachen?
- Möchten Sie für die geleisteten Überstunden lieber Freizeitausgleich oder eine Auszahlung im Geld?
- Sollen wir auf eigene Mitarbeiter zurückgreifen oder Aushilfen einstellen?
- Wollen Sie selber mit Ihrem Chef reden oder soll ich das für Sie tun?
- Soll das Projekt noch in diesem Monat starten oder erst im nächsten?

▦ Können Sie mir die Ergebnisse noch heute Abend mailen
   oder bekomme ich Sie morgen Früh ausgedruckt auf meinen
   Schreibtisch?

Wie lassen Sie Ihrem Gesprächspartner die Wahl?

_____

_____

_____

_____

_____

_____

Noch ein Gedanke

Wir haben uns jetzt ausführliche Gedanken über abschluss-
orientiertes Verkaufen und das Treffen einer gemeinsamen
Vereinbarung gemacht. Letztlich wollen wir in unserem Verkaufsgespräch Ergebnisse erzielen. Eine Frage noch: Wann
beginnt für Sie eigentlich das ergebnisorientierte Verkaufen?

Die Ergebnisorientierung beginnt ganz einfach bei der
Begrüßung und in der Aufwärmphase. Indem Sie Ihren Gesprächspartner freundlich begrüßen und zu ihm eine Beziehung aufbauen, schließlich die richtigen Fragen stellen,
schaffen Sie die Grundlage für ein gutes Ergebnis Ihres
Gespräches.

Weiterführende Hinweise

Einführung

❻ Nachtrag

❺ **Mittel und Wege des Projektmarketings**

❶ Wozu eigentlich Projektmarketing?

Erfolgreich präsentieren und überzeugen

Überzeugende Fragetechnik – die richtigen Fragen stellen

Machen Sie sich und Ihrem Kunden ein Bild

Gesprächsführung und Kommunikation

Projekt-Merchandising

Kommunikationsmedien

Networking und Kontaktpflege

Projektkultur und -auftritt

Projektidentität (PI)

Neue Arbeitsformen/ Virtuelle Projektteams

Projektmarketing

❷ Die vier Säulen des klassischen Marketings

❸ Rollen und Situationen des Projektmarketings

❹ Ausflug in den Verkauf

5. Mittel und Wege des Projektmarketings

Die letzten Kapitel haben ausführlich die Rolle des Projektleiters innerhalb des Projektmarketings und die damit verbundenen Ziele und Marketingpartner behandelt. Sie haben die vier Säulen des klassischen Marketings mit den dazugehörigen Checklisten kennen gelernt und sich die Situationen, in denen Marketing angewendet wird, bewusst gemacht. Nach einem ausführlichen Ausflug in den Verkauf und die damit verbundene Technik der Gesprächsführung wollen wir uns jetzt den Mitteln und Wegen des Projektmarketings zuwenden. Anders gesagt: Sie sollen eine Antwort auf die Frage bekommen, wie der Marketingansatz in der Praxis anzuwenden ist.

Erfolgreich präsentieren und überzeugen

Welche Präsentationen es im Projekt gibt

Die Grundlage, um ein Projekt ins Leben zu rufen, ist die überzeugende Präsentation der Projektidee. Bei der Vorbereitung ist besonders darauf zu achten, wer die Zielgruppe oder das Publikum sein wird. Sind hier wirklich Fachleute anwesend oder Kunden oder Geschäftsführungsmitglieder, die mit der Materie an sich gar nicht vertraut sind? Gerade dann sollten Sie wesentlich stärker Vorteile und Nutzen des Projektes in den Vordergrund stellen, anstatt inhaltliche und fachliche Informationen zu geben.

Ideenpräsentation

Kickoff Die in jedem Unternehmen so beliebten Kickoff-Veranstaltungen sollten dringend genutzt werden, um die Projektidee auch bei den Mitarbeitern des Unternehmens beliebt zu machen. Sie können hier bereits die Samen ausstreuen, die Ihnen dann als ertragreiche Gewächse in der Projektumsetzungsphase wertvolle Dienste leisten werden.

Zwischenbericht Kommunikation und Transparenz sind wichtige Werkzeuge innerhalb des Projektmarketings. Wer aktiv Informationen nach außen trägt und diese präsentiert, hat, wenn es um die Wurst geht, die Nase vorne.

Ergebnis- Um Ihre Auftraggeber, Geldgeber oder Kunden bei der Stan-
präsentation ge zu halten, sollten Sie sich auch gemeinsam mit diesen über die Früchte Ihrer Arbeit freuen. Lassen Sie andere an den Erfolgen Ihrer Arbeit und der Ihrer Kollegen, besonders Ihres Projektes, teilhaben.

Zielpräsentation Wenn die Belegschaft und die Mitglieder des Projektteams nicht wissen, wo es hingehen soll, können sie diesen Weg auch nicht gemeinsam mit Ihnen gehen. Gemeinsame Ziele eines Projektteams können im Unternehmen Berge versetzen. Haben Sie gemeinsam mit anderen Ihre Ziele gefunden und formuliert, so sorgen Sie für Transparenz und Öffentlichkeit.

Abschluss- Ihre gute Präsentation zum Abschluss eines Projektes bedeu-
präsentation tet in vielen Fällen gleichzeitig die Möglichkeit, einen neuen Auftrag zu bekommen. Geben Sie Ihren Kunden einen Grund, Sie für weitere Projekte zu engagieren. Sie müssen nicht vor Kunden präsentieren? Dann tun Sie es wenigstens bei der Geschäftsleitung!

Schulung Mitarbeiter und Geschäftsleitung sind über die Ergebnisse
und Umsetzung des Projektes informiert worden. Es fehlt nur noch eine Kleinigkeit: die Umsetzung in den Betriebsalltag. Wenn Sie

an diesem Punkt nur lustlos schulen, anstatt überzeugend und motivierend zu präsentieren, werden wohl die Vorurteile gegenüber Projekten ewig bestehen bleiben.

Die Elemente
einer überzeugenden Präsentation

Sie sind zu einer Präsentation über die neue strategische Ausrichtung Ihres Unternehmens für die nächsten fünf Jahre eingeladen. Der Raum, in dem diese Veranstaltung stattfindet, ist groß, aber fensterlos. Dafür funktioniert die Heizung umso besser. Es ist gemütlich warm, und Sie haben Platz genommen. Mit etwa 50 anderen Kollegen erwarten Sie den Auftritt des Referenten. Das Licht wird leicht nach unten gedämpft, ein Beamer geht an und der Referent tritt auf. Seine Schultern sind leicht nach vorne gezogen, und sein Gesicht ist sehr ernst. Mit sachlich gedrückter Stimme beginnt er zu sprechen: „Guten Tag, meine Damen und Herren, bitte entschuldigen Sie, dass ich für Herrn Dr. Mittermeyer einspringen musste. Aber wie Sie auf der ersten Folie sehen: Die große Bedeutung des Themas macht die Durchführung dieser Veranstaltung notwendig." Wahrscheinlich ist jetzt der Funke auf die Zuhörer übergesprungen, die erwartungsvoll auf die weiteren Ausführungen gespannt sind. Oder?

Langweilige
Präsentation …

Nachdem Sie noch etwa zehn Minuten den spannenden Ausführungen dieses überzeugenden Referenten gelauscht haben, beginnt der Raum seine volle Wirkung auf Sie abzustrahlen. Die warme stickige Luft der Heizung, das gedimmte Licht und die monotone Sprache des Referenten haben durchschlagenden Erfolg: Ihnen fallen die Augen zu und der Kopf kippt mal nach vorne, mal zur Seite. Sie schrecken hoch und schauen auf die anderen Teilnehmer der Präsentation. Zum Glück hat es keiner bemerkt. Die meisten anderen kämpfen genauso mit dem Einschlafen.

… mit Einschlaf-
effekt

> Bereits in den ersten 30 bis 90 Sekunden wird über den Erfolg einer Präsentation beim Publikum entschieden. Der erste optische und sprachliche Eindruck schafft die Grundvoraussetzung für Ihre Überzeugungskraft. Versuchen Sie deshalb, gerade den Anfang einer Präsentation vorher zu inszenieren.

Gestalten Sie Ihre Präsentationen anders als die anderen. Planen Sie einen besonderen Einstieg. Nutzen Sie die Möglichkeit, mit der richtigen Einleitung Ihr Publikum auf die von Ihnen gewünschte gedankliche Schiene und auf Ihre Seite zu bringen. Wenn wir eine wichtige Präsentation vorbereiten, hilft uns die Technik der Visualisierung: Wir stellen uns die ersten Minuten einer Präsentation wie einen Film vor. Auch der Text für diesen Teil steht zu mindestens 95 Prozent. Leider erleben wir immer wieder, wie wenig gute Ideen Projektleiter haben, wenn sie eine Präsentation beginnen wollen. Deswegen bekommen Sie von uns jetzt zehn Ideen für den Einstieg in eine Präsentation. Sie können diese kopieren, nachahmen oder daraus neue Ideen entwickeln.

1.
Plakative Bilder

Statt eines Titels oder einer Deckfolie projizieren Sie großflächig ein Bild an die Wand. Als Motive können Sie Landschaften, Gegenstände, Tiere oder andere Naturaufnahmen wählen. So können Sie beispielsweise anhand der Aufnahme eines Segelbootes oder einer Baustelle wunderbar Parallelen zu Projekten oder Teamarbeit schaffen. Zu Beginn der Präsentation erzählen Sie dem Publikum einfach, welche Gemeinsamkeiten Sie zwischen dem Bild und dem Thema Ihrer Präsentation sehen.

2.
Modelle und
Gegenstände

Einmal benutzten wir für den Beginn eines Seminars eine Banane. „Liebe Teilnehmer, wir haben Ihnen heute diese Banane mitgebracht. Was sie mit unserem Seminar zu tun hat und was wir daraus lernen können, werden Sie in den nächsten Minuten erfahren." Welche Gegenstände können Sie mitbringen?

Sie stellen eine widersprüchliche These auf, die Sie dann im Folgenden auflösen. Beispiel: „Wir werden 20 Prozent unserer Personalkosten einsparen können und trotzdem zehn Prozent neue Mitarbeiter einstellen. Wie das machbar ist, werde ich Ihnen jetzt vorstellen."

**3.
Widerspruch**

Verteilen Sie beispielsweise doch einmal eine Postkarte mit einem schönen Bild oder einen Text, der Ihre Zuhörer zum Lächeln bringt oder nachdenklich macht. Stellen Sie dann wieder den Bezug zum Thema Ihrer Präsentation her.

**4.
Mitbringsel**

Beispiel: „Warum wird unser Unternehmen in den nächsten zwei Jahren durch den Abschluss dieses Projektes eine noch nie da gewesene Entwicklung durchleben? Warum sind gerade Sie heute zu diesem Thema eingeladen worden? Und: Welche spannenden Herausforderungen werden wir in der nächsten Zeit erleben können? Diese drei Fragen möchte ich Ihnen in der heutigen Präsentation beantworten."

**5.
Drei Fragen
zum Thema stellen**

Gleich zu Anfang Ihrer Präsentation verteilen Sie an die Anwesenden einen Fragebogen. Lassen Sie doch einfach einige knifflige Fragen zu Ihrem Thema beantworten. Mit dieser Methode wecken Sie die Neugier auf Ihre Inhalte und haben konzentrierte Zuhörer, die wissen wollen, ob sie selber richtig geantwortet haben. Durch die eigene Identifikation der Teilnehmer bleibt der Spannungsbogen die ganze Zeit erhalten.

**6.
Fragebogen
austeilen**

Beginnen Sie Ihre Präsentation mit einer kleinen Geschichte, die Sie Ihren Zuhörern mitgebracht haben. Sie haben hier die Möglichkeit, Ihre Zuhörer auf eine kleine Gedankenreise zu schicken. Sie dürfen Ihre Geschichte ruhig blumig aus-

**7.
Eigene
Geschichten und
Erfahrungen**

malen und viele Bilder in den Köpfen Ihrer Kunden (Zuhörer) erzeugen. Haben Sie die Zuhörer erst einmal gedanklich auf einer gemeinsamen Wellenlänge, dann dürfte Ihnen die Überleitung zu Ihrem Thema relativ leicht fallen.

8.
Verblüffen

Gleich zu Anfang Ihrer Präsentation ziehen Sie einen 10-Euro-Schein aus Ihrer Hosentasche und machen den Teilnehmern das Angebot, diesen 10-Euro-Schein gegen einen 5-Euro-Schein zu tauschen. Wer würde den Mut dazu haben?

Die wenigsten Anwesenden werden diese Chance nutzen, weil die meisten Menschen ständig damit beschäftigt sind, den Haken hinter der Sache zu suchen. Wir suchen halt erst nach den Fehlern. An diesem Punkt aber ist Umdenken angesagt. Geht es in Ihrem Projekt um Veränderungen, so können Sie dieses Beispiel bestens aufgreifen, um Veränderungsprozesse in den Köpfen der Menschen bildlich darzustellen.

9.
Fragen stellen

Bereits zu Anfang des Buches haben wir über die Wichtigkeit der guten Fragetechnik gesprochen. Warum beginnen Sie eine Präsentation nicht einmal mit Fragen an das Publikum? Warum sind diese Menschen zu Ihnen gekommen? Was hat sie an dem Thema interessiert? Welche Wünsche haben sie mitgebracht?

Weil den Teilnehmern das Thema der Präsentation bereits bekannt sein sollte, sind die meisten auch mit Wünschen, Erwartungen oder einer inneren Einstellung zu Ihnen gekommen. Holen Sie die Menschen an diesem Punkt ab. Sie haben einen weiteren Vorteil: Die aus diesem Fragespiel erhaltenen Antworten können Sie wieder in Ihre Präsentation einarbeiten.

10.
Provokation

„Wird unser Unternehmen in fünf Jahren pleite sein? Wenn unsere Kunden weiterhin so böse und gemein zu uns sind,

wird unsere Talfahrt weiterhin anhalten. Es ist durchaus möglich, dass wir bald einen Sozialplan aufstellen müssen. Nun, sehr geehrte Damen und Herren, als ich diese Präsentation vorbereitet habe, sind mir diese schrecklichen Gedanken durch den Kopf gegangen. Gott sei Dank sind wir noch weit davon entfernt. Damit es aber nicht so weit kommt, möchte ich Ihnen im Auftrag des Projektteams heute unsere Ergebnisse vorstellen."

„*Meine Name ist Bond – [Kunstpause] – James Bond.*" Das ist wohl die bekannteste Möglichkeit, wie sich ein Mensch vorstellen kann. Damit Ihre Teilnehmer auch wissen, mit wem sie es zu tun haben, sollten Sie sich ausführlich vorstellen. Natürlich gibt es viele Situationen, in denen Ihnen viele Teilnehmer schon bekannt sind. Aber sollten Sie einzelne Personen noch nicht kennen, so haben Sie jetzt die Chance, sich diesen Menschen eindrucksvoll vorzustellen. Vielleicht haben Sie ja sogar eine kleine Geschichte zu Ihrer Person, Ihrem Aufgabengebiet oder Ihren Interessen vorbereitet. Wenn Sie an die Struktur des Verkaufsgespräches zurückdenken, so befinden wir uns immer noch in der Aufwärmphase. Sie haben also immer noch die Chance, die grundlegenden Mosaiksteine Ihrer Überzeugungsarbeit zu legen. Wenn alle Teilnehmer der Präsentation der Meinung sind, Sie schon zu kennen, so erzählen Sie einfach eine kleine Geschichte, die eine neue Facette Ihres Lebens beschreibt. Auch eine Präsentation ist wie ein Verkaufsgespräch.

> **Wissen die Teilnehmer, wer Sie sind?**

Noch bevor Sie durch Ihre Inhalte glänzen, können Sie die Teilnehmer auf der zwischenmenschlichen Ebene für sich gewinnen. Auf dieser Grundlage können Sie dann später aufbauen, und Sie erreichen mit höherer Wahrscheinlichkeit Ihre Ziele.

Wer kein Ziel hat, kann auch keines erreichen

Damit Sie am Ende Ihrer Präsentation auch genau dort ankommen, wo Sie wollten, muss Ihnen das konkrete Ziel dieser Veranstaltung eindeutig klar sein. Nur wenn Sie ein deutliches Ziel vor Augen und klar formuliert haben, können Sie eine Verfehlung des Themas vermeiden. Sind Sie gebeten worden, eine Präsentation zu erstellen, so fragen Sie beim Auftraggeber so lange nach, bis Sie eine eindeutige Antwort zu den Zielen dieser Präsentation erhalten haben. Stellen Sie am Anfang der Veranstaltung das Ziel deutlich vor. Sie haben durch die Nennung des Zieles für sich selbst und für die Erreichung dieses Zieles einige Vorteile:

1. Die Zuhörer haben Klarheit darüber, wohin es gehen soll, und Sie können damit Missverständnisse von vorneherein ausschließen.
2. Sie selbst haben Ihr Redeziel im Kopf und können es während Ihrer ganzen Präsentation hindurch verfolgen.
3. Dadurch, dass Sie am Anfang Fragen gestellt und Ihr Ziel genannt haben, bringen Sie die Gedankenwelt Ihrer Zuhörer auf einen bestimmten Kurs. Haben Sie die Zuhörer bereits zu Anfang in eine bestimmte Richtung gelenkt, so arbeiten ihre Gedanken – und auch die Einwände – in eine bestimmte Richtung. Diese Kenntnis sollten Sie zu Ihrem Vorteil nutzen.

Die Teilnehmer

Besonders zu Beginn eines Projektes sollten Sie sich genauestens über die Teilnehmer informieren. Machen Sie sich ein klares Bild über Ihre Zielgruppe. Gerade für die Gestaltung der Inhalte ist es wichtig, ob Spezialisten Ihres Gebietes oder eher Generalisten anwesend sind. Ein von hohem Fachwissen geprägter Vortrag ist nur für Fachleute interessant. Sprechen Sie aber beispielsweise vor Entscheidern oder Vorständen, so sollten schwerpunktmäßig Vorteile, Nutzen, Bilder und Vergleiche Ihre Präsentation prägen. Gerade Führungskräfte wollen keine überflüssigen Informationen – sie wollen Entscheidungsgrundlagen!

Fragen Sie sich vorher: Was erwartet die Zielgruppe von mir? Was will sie geboten bekommen? Was kann die einzelnen Teilnehmer motivieren? Haben Sie sich auch Gedanken über Mentalität oder Nationalitäten gemacht? Welche Gepflogenheiten sollten Sie bei der Anwesenheit von Vertretern anderer Kulturen einhalten? Wie müssen Sie Ihr äußeres Erscheinungsbild auf die Zielgruppe abstimmen?

Die Präsentation von Zahlen, Daten und Fakten ist eine große Herausforderung – wenn Sie eine lebendige Präsentation durchführen wollen. Nun, es ist sicherlich einfach, Tabellen, Fakten und wunderschöne Diagramme an die Wand zu werfen und die Zahlen und Daten abzulesen. Aber mit zunehmender Datenfülle nimmt die Konzentration der Zuhörer ab.

Zahlen, Daten, Fakten

Um die Kompetenz Ihrer Person zu unterstreichen, sind theoretische Grundlagen andererseits unbedingt notwendig. Haben Sie schon einmal versucht, diese trockene Materie mit Leben zu füllen? Verwenden Sie sprachliche Vergleiche, Bilder und Geschichten, um die theoretischen Inhalte Ihrer Präsentation zu vermitteln. Die Zuhörer werden Ihnen nicht nur gespannter lauschen, sondern das, was Sie vermitteln wollen, bleibt auch länger in den Köpfen Ihres Publikums hängen.

Wie Sie passive Teilnehmer zu aktiven Partnern machen

Geben Sie den Teilnehmern Ihrer Präsentation das Gefühl, in die Veranstaltung aktiv eingebunden zu sein. Sie werden die Identifikation mit der Problematik wesentlich steigern können, wenn das Publikum das Gefühl hat, an der Entscheidung beteiligt zu sein. Versuchen Sie gerade bei theorielastigen Präsentationen, jeweils nur einen Input von wenigen Minuten zu gestalten und dann Ihr Publikum wieder aktiv einzubinden.

> Wir haben oft die Erfahrung gemacht, dass das Publikum bereits überraschend viel weiß. Sie brauchen das Wissen eigentlich nur noch zu bündeln und das Sahnehäubchen oben aufzusetzen.

Zwischenfragen aus dem Publikum

Ermutigen Sie die Teilnehmer bereits zu Beginn Ihrer Präsentation zu Zwischenfragen. Ein solches Angebot senkt die Barriere zwischen Ihnen und Ihrem Publikum.

Stellen Sie immer wieder aktiv Fragen an Ihr Publikum. Gerade im kleineren Kreis dürfen Sie allerdings auf die Antworten warten. Viele Redner stellen zwar rhetorisch gekonnt Fragen, jedoch haben sie nicht den Mut, auf die Antworten des Publikums zu warten. Wenn Sie an einer dramaturgisch wichtigen Stelle einmal keine Antwort bekommen, so stellen Sie einfach die nächste, aber provokantere, Frage. Sollte dann immer noch nichts passieren, haben Sie die Möglichkeit, einzelne Personen anzusprechen.

Fragebogen verwenden

Teilen Sie während einer Präsentation doch einmal einen Fragebogen aus. Lassen Sie diesen beantworten und besprechen Sie im weiteren Verlauf der Präsentation die Antworten auf die von Ihnen gestellten Fragen. Sie haben den Vorteil, dass Sie nicht aus dem Redefluss kommen und dem gedanklichen Verlauf Ihrer Präsentation folgen können.

Stellen Sie sich einmal vor, Sie sitzen in einem kleinen Sportcabrio und fahren die Küstenstraße an der Riviera entlang. Der Fahrtwind weht den salzigen Geschmack des Meeres in Ihre Nase, und die Sonne wärmt Ihre Haut. Plötzlich sehen Sie ein traumhaft gelegenes Straßencafé. Was wird wohl in den Köpfen Ihrer Zuhörer passieren, wenn Sie eine ähnliche Geschichte erzählen? Wenn Sie sich einmal erfolgreiche Redner anhören und ansehen, so werden Sie feststellen, dass besonders in den Situationen einer kleinen Traumreise die Zuhörer wie gebannt an den Lippen des Redners hängen. Haben Sie in den Präsentationen einfach den Mut, auch komplexe Sachverhalte auf einfache Beispiele und Geschichten zu reduzieren und so für alle verständlich zu machen.

Co-Präsentator einsetzen

Holen Sie einen Teilnehmer zu sich nach vorne und inszenieren Sie mit ihm ein kleines Beispiel oder Rollenspiel. Machen Sie ihn zu Ihrem Co-Präsentator, oder bitten Sie ihn, Ihnen zu helfen. Haben Sie in den Reihen der Zuhörer bereits einen möglichen Kritiker ausgemacht, so haben Sie jetzt die Chance, ihn zu sich zu holen und ins gemeinsame Boot einsteigen zu lassen.

Zwischenfragen stellen

Vergewissern Sie sich durch Zwischen- und Bestätigungsfragen immer wieder der Zustimmung Ihres Publikums. Mit der wachsenden Anzahl der Personen, die Ihnen zustimmend zunicken, werden diejenigen, die noch keine Meinung haben oder eher skeptisch sind, sich der Mehrheit der zustimmenden Teilnehmer anschließen.

Was sagt Ihnen dieses Bild?

_____

_____

_____

_____

Ist Ihnen jetzt überhaupt keine Assoziation zum Thema Projektmarketing eingefallen? Genau das war beabsichtigt!

Auszeiten einplanen Die hohe Schule der Präsentation benutzt vorbereitete Auszeiten. Sie geben den Langsamdenkern – und das ist nicht negativ gemeint – die Zeit, aufzuholen und wieder bei den anderen zu sein. Eine inszenierte Auszeit bringt Ihr Publikum auf ganz andere Gedanken und damit wieder frischen Wind in die Gehirne der Anwesenden. Zeigen Sie ein schönes, ablenkendes Bild oder ein lustiges Video. Haben Sie vielleicht sogar den Mut, einen netten Witz oder eine lustige Anekdote zu erzählen? Das Lachen der Teilnehmer kann durchaus eine Vorbereitung sein, damit die anschließende Diskussion nicht verkrampft und verbittert geführt wird. Besonders wirksam ist dieser dramaturgische Einschub, wenn er für die Teilnehmer völlig unvorbereitet kommt. Hat es in Ihrer Firma so etwas noch nie gegeben, so lösen Sie einfach die Verwunderung über diesen Einschnitt auf, indem Sie erklären, warum Sie diesen *Joy-Break* gemacht haben.

Doppelt genäht hält besser Es gibt sie – die Profiteilnehmer an Präsentationen: Sie fallen nicht besonders auf, sie schlafen nicht ein, aber dennoch sind sie während der gesamten Präsentation mit anderen Sachen beschäftigt. Geben Sie diesen und denjenigen, die bisher noch wenig verstanden haben, eine zweite Chance: Wiederholen Sie Ihre wichtigsten Argumente. Die Wiederholung Ihrer wichtigsten Punkte erzeugt eine Verstärkung. Dadurch steigert sich wiederum Ihre Überzeugungskraft.

Der letzte Eindruck bleibt

Was für die Vorbereitung Ihres Einstiegs gilt, ist genauso wichtig für Ihren Schluss: Gestalten Sie das Ende Ihrer Präsentation genauso sorgfältig wie den Anfang. Wenn Ihr Ziel zu Anfang der Präsentation klar war, haben Sie den Schluss auf das Ziel hin inszeniert. Um ein wirksames Ende zu gestalten, gibt es verschiedene Möglichkeiten:

1. Sie können die Teilnehmer gleich zu einer Diskussion einladen.
2. Schließen Sie mit einer provokanten Aussage. Zeigen Sie dann Ihre Bereitschaft zur Diskussion.
3. Beenden Sie Ihre Präsentation mit einer Aufforderung zur Tat. Motivieren Sie die Teilnehmer, aktiv zu werden.
4. Machen Sie es so wie immer: „Vielen Dank für Ihre Aufmerksamkeit." Warum müssen Sie sich eigentlich bedanken? Wenn Sie überzeugend gewirkt haben, müssen sich die Teilnehmer bei Ihnen bedanken. Wenn Sie schlecht waren, sollten Sie sich besser entschuldigen.

> **„Der Schlüssel zu einer guten Rede lautet: Man braucht einen genialen Anfang, einen genialen Schluss und möglichst wenig dazwischen."**
> PETER USTINOV

Das Frage-Antwort-Spiel am Schluss ist die Kür in der Präsentation. Im Idealfall verläuft eine Diskussionsleitung nach folgendem Schema:

Die richtige Diskussionsleitung

1. Nachdem ein Teilnehmer eine Frage oder einen Diskussionsbeitrag in die Runde gebracht hat, quittieren Sie zuerst diese Frage: „Vielen Dank für Ihre Frage", „Auf diese Frage habe ich schon gewartet" oder „Das ist eine sehr wichtige Frage und sie wird mir immer wieder gestellt."
2. Sie beantworten die gestellte Frage. Und wenn Sie eine Frage einmal nicht beantworten können, betreiben Sie persönliches Stressmanagement:
   - Wenn Sie darauf vertrauen können, dass die Antworten im Publikum vorhanden sind, geben Sie die Frage einfach an die Teilnehmer weiter. Lassen Sie sich überraschen, wie viel Ihre Teilnehmergruppe weiß. Es soll ja auch schon einmal vorgekommen sein, dass gerade solche Fragen von Kritikern gestellt werden. Oft es ist

nur ein Test, wie Sie mit solch einer peinlichen Situation umgehen können. Mögliche Antworten: „*Vielen Dank für diese wichtige Frage. Das ist ein berechtigter Einwand. Lassen Sie uns doch einmal diese Details zusammenstellen.*" oder „*Was meinen die anderen im Publikum zu dieser Frage?*"

▓ Stellen Sie zuerst eine Gegenfrage: „*Wie haben Sie das gemeint?*", „*Ich habe Ihre Frage nicht ganz verstanden. Können Sie diese mit anderen Worten nochmals wiederholen?*"

▓ Lassen Sie sich durch eine Frage, die Sie nicht beantworten können, nicht bloßstellen. Geben Sie doch Ihre Schwäche einfach zu und drehen die Antwort in einen Vorteil für sich selber um: „*Diese Frage kann ich hier nicht beantworten. Aber Folgendes biete ich Ihnen an: Ich werde mich kundig machen und Sie anrufen und Ihnen die Frage beantworten. Können wir in der Pause einen Termin gemeinsam vereinbaren?*"

3. Sie lassen sich vom Fragesteller nach Ihrer Antwort eine Bestätigung geben, ob die Frage zu seiner Befriedigung beantwortet wurde: „*Ist Ihre Frage damit beantwortet?*" oder „*Habe ich die Frage zu Ihrer Zufriedenheit beantwortet?*"

Nochmalige Verstärkung Ihrer Botschaft

Nutzen Sie die Gelegenheit, nach der Diskussion sowohl Ihre Präsentation wie auch die Redebeiträge zusammenzufassen und sie für Ihr Redeziel zu nutzen.

Feedback

Damit Sie selber üben und sich verbessern können, sollten Sie sich immer wieder von Teilnehmern oder Kollegen ein Feedback geben lassen. Auch wenn es manchmal unangenehm ist, sollten Sie keine Angst vor persönlichen Meinungen haben. Sie können schließlich nur daraus lernen. Beim nächsten Mal haben Sie dann die Chance, besser zu werden und überzeugender zu wirken. Fragen an die Gruppe könnten etwa lauten:

- *Was sind Ihre wichtigsten Ergebnisse?*
- *Mit welcher Aktivität möchten Sie sofort starten?*
- *Was hat Ihnen an meiner Präsentation gefallen?*
- *Wie habe ich persönlich auf Sie gewirkt?*
- *Was würden Sie besser machen?*

Einige Regeln können Ihnen helfen, ein Feedback konstruktiv zu verarbeiten:

Wie wird Feedback aufgenommen?

---

1. Hören Sie nur zu.
2. Bei Unklarheiten dürfen Sie nachfragen.
3. Sie dürfen sich nicht rechtfertigen oder verteidigen.
4. Lassen Sie das Feedback einfach so stehen.
5. Sie brauchen Ihr Verhalten nicht zu begründen.
6. Fangen Sie keine Diskussion an.
7. Lassen Sie sich Handlungsalternativen geben.
8. Auch subjektive Kritik können Sie als Hilfe für sich selbst akzeptieren.
9. Nehmen Sie Ihr Gegenüber als Gesprächspartner an.
10. Vereinbaren Sie mit sich selbst neue Verhaltensweisen für die Zukunft.
11. Probieren Sie die neuen Alternativen auch in der Praxis aus.

Das sind die wichtigsten Elemente einer überzeugenden Präsentation

---

- Brechen Sie das Eis mit einem gut inszenierten Start.
- Stellen Sie sich vor.
- Formulieren Sie Ihre Präsentationsziele klar und präzise.
- Theoretische Grundlagen Ihrer Präsentation sind Zahlen, Daten und Fakten.
- Aktivieren Sie die Teilnehmer und machen Sie diese zu aktiven Partnern.

Checkliste

- Gönnen Sie sich und Ihren Teilnehmern eine kleine Erholung mit einer Auszeit.
- Wiederholen Sie Ihre zentralen Aussagen, weil der letzte Eindruck bleibt.
- Beenden Sie Ihre Präsentation mit der Aufforderung an die Teilnehmer, aktiv zu werden.
- Bleiben Sie souverän bei der Diskussionsleitung.
- Geben Sie eine kurze Zusammenfassung.
- Lassen Sie sich ein Feedback geben.

Muss es immer nur der Beamer sein?

Um Ihre Präsentation visuell zu unterstützen, stehen Ihnen die verschiedensten Möglichkeiten zur Verfügung. Weil mit dem PC in kurzer Zeit einfache Präsentationen gestaltet werden können, sind Beamer sehr beliebt. Doch gerade weil diese Präsentationen so schnell anzufertigen sind, haben sie zu viel Text, zu wenig Bilder und sind oft schlecht gestaltet. Die Raumverhältnisse und die notwendige Abdunklung des Lichts haben eine unbeabsichtigte zusätzliche Wirkung auf den Teilnehmer: Er wird unkonzentriert und müde.

Flipchart und Overhead

Exzellente Präsentationen kehren deswegen zunehmend zu herkömmlichen Medien zurück. Sie verwenden wieder Flipchart und Overhead-Projektor. Die Flipcharts und die Folien sind jedoch nur knapp vorbereitet, enthalten wenig Text und einige Grafiken. Der Rest wird während des Vortrags mit der Hand dazugeschrieben.

Denken Sie gerade bei Multimedia-Präsentationen daran: Nicht Ihre Präsentationshilfen sollen während Ihres Vortrags wirken, sondern Ihre Person! Nutzen Sie Ihre Präsentationshilfen, um sich in das richtige Licht zu stellen.

Kollegen und Belegschaft
von der Bedeutung eines Projektes überzeugen

Ein Projekt mit einer guten Projektidee ist glänzend gestartet und entwickelt sich hervorragend. Unter Umständen befindet sich das Projektteam sogar auf geistigen Höhenflügen und fühlt sich bestens. Und was passiert mit den anderen Mitarbeitern und Kollegen? Aus den verschiedensten Gründen – sei es Neid, Missgunst oder Unverständnis – kommt bei der übrigen Belegschaft überhaupt keine Begeisterung für dieses Projekt auf. Wie können Sie das ändern? Damit das Projekt letztendlich auch in der Umsetzung erfolgreich sein wird, gibt es verschiedene Gründe, warum Kollegen und Belegschaft das Projekt unterstützen können:

Offenheit und Transparenz sind grundlegende Merkmale einer guten Unternehmensführung. Wenn die Mitarbeiter eines Unternehmens die Ziele kennen und mittragen können, werden sie meistens auch unterstützt. Zur Absicherung des Gesamtprojektes kann es sinnvoll sein, auch außerhalb des Projektteams Arbeitsgruppen zu bilden, die, auf ihre jeweiligen Bedürfnisse ausgerichtet, versuchen, die Projektziele und Unternehmensziele für sich umzusetzen. Die hohe Schule der Projektleitung wird nicht nur für eine Vermittlung der Ziele sorgen, sondern auch nach dem Prinzip der Folgewirksamkeit eine Kultur schaffen, in der sich die Mitarbeiter den Projektzielen öffentlich, schriftlich und freiwillig verpflichten. Sind Menschen erst einmal freiwillig und schriftlich eine Zusage eingegangen, so ist die Wahrscheinlichkeit wesentlich höher, dass diese Zusage auch eingehalten wird.

Gemeinsame Ziele

Wenn die Mitarbeiter erst aus den Medien vom erfolgreichen Abschluss eines Projektes erfahren, ist es meistens leider schon zu spät. Eine Unternehmenskultur, die die Durchgängigkeit von Informationen in alle Unternehmensebenen hinein gewährleistet, wird auch die Ergebnisse von Projekten schneller und effizienter umsetzen können.

Transparenz und Information

Sorgen Sie dafür, dass so viele Informationen wie irgend möglich allen Mitarbeitern zur Verfügung stehen.

Aktivieren Sie andere

Geben Sie so vielen Mitarbeitern wie möglich das Gefühl, aktiv in die Projektarbeit eingebunden zu sein. Um andere Mitarbeiter zu einer aktiven Mitarbeit oder wenigstens zu einer Unterstützung des Projektes zu bewegen, sind immer informelle Kontakte oder auch Ihre „alten Seilschaften" von größtem Nutzen.

Wie du mir, so ich dir

Jeder von uns reagiert so: Wir behandeln andere Menschen so, wie wir von diesen behandelt worden sind. Lächelt Sie ein Mensch an, so lächeln Sie zurück. Hat Ihnen ein Kollege im Job ein Bein gestellt, so werden Sie ihm bei seiner nächsten Herausforderung bestimmt nicht helfen. Haben Sie aber im Vorfeld des Projektes schon etwas für andere Kollegen oder Mitarbeiter getan, so wird die Bereitschaft wesentlich größer sein, Ihnen – wenn Sie einmal Hilfe nötig haben – ebenfalls zur Hand zu gehen.

Das Gefühl der Mitwirkungs-möglichkeit

Holen Sie sich den Rat von möglichst vielen Mitarbeitern des Unternehmens. Kennen Sie nicht auch Kollegen, die immer sagen: „Ja, wenn man mich gefragt hätte, ich hätte das schon gewusst!" Geben Sie genau diesen Menschen das Gefühl, an Entscheidungsprozessen beteiligt zu sein. Lernen und erfahren Sie immer wieder, wie nützlich es ist, immer wieder die richtigen Fragen stellen zu können. Fragen Sie andere Menschen um ihre Meinung und ihren Rat.

Die Unter-nehmenskultur

Arbeitnehmer, die immer nur unter Druck, Kontrolle und Kriterienkatalogen zu leiden haben, werden letztendlich ihren Arbeitsstil auch an diese Methoden anpassen. Zum Glück gibt es auch andere Unternehmen, in denen die Mitarbeiter eine hohe Motivation haben, weil Entscheidungen transparent gemacht werden und sie verantwortlich in die Entscheidungsprozesse eingebunden sind.

Stellen Sie sich einmal vor: Sie haben einen Chef, der bei verantwortlichen Entscheidungen große Offenheit und Freude ausstrahlt. Er setzt seine Mitarbeiter so ein, dass sie ihren Fähigkeiten gemäß arbeiten können und so mit Freude wesentlich effizienter sind. Er kann einfach gut zuhören. Er kann seine Mitarbeiter gut motivieren und Teams richtig zusammenstellen. Er vermittelt Begeisterung und inspiriert andere zu Höchstleistungen. Haben Sie einige Anregungen bekommen?

Wenn Sie wollen, dass Menschen etwas für Sie tun, machen Sie sich Freunde. Leider sind viele Führungskräfte nicht gerade die Sympathieträger, wie sie im Buche stehen. **Der Nutzen der Sympathie**

Psychologische Untersuchungen haben ergeben, dass besonders zwei Faktoren für die Bildung von Sympathie entscheidend sind: Ähnlichkeit und Lob.

Durch Ähnlichkeiten oder auch Gemeinsamkeiten können Sie als Projektleiter zu einem anderen Mitarbeiter oder auch zu einer Führungskraft einen besseren Kontakt aufbauen. Wer es beherrscht, andere Menschen – auch einmal ohne Grund – zu loben, wirkt sofort entwaffnend und wird stärker geschätzt. Positive Bemerkungen über das Arbeitsverhalten oder generelles Loben erhöhen die Sympathie und gleichzeitig auch die Bereitschaft, den Wünschen des Lobenden nachzukommen.

Die Skala des Wir-Gefühls in einem Unternehmen ist ziemlich weit gefächert: Da gibt es im Idealfall die wirkliche Begeisterung aller Mitarbeiter, für eine große Vision oder ein **Wir sitzen alle in einem Boot** großartiges Ziel zu arbeiten. Wenn die Ergebnisse eines Projektes langjährige Gewohnheiten vieler Mitarbeiter betreffen, so kann es klug sein, dass Sie die Ergebnisse nicht selber präsentieren. Holen Sie sich einen Befürworter Ihres Projektes aus den Reihen der Altgedienten in Ihr Präsentationsteam. Wenn den Teilnehmern die Argumente und Änderungen aus dem Mund eines Gleichrangigen nahe gebracht werden, sinkt die Wahrscheinlichkeit eines Widerstands.

Das Bild des gemeinsamen Bootes ist eigentlich ganz schön. Aber ein wenig bestimmter wird es, wenn die Führungskräfte deutlich den Hinweis geben: Der Erfolg dieses Projektes hängt direkt zusammen mit der Zukunft unserer Firma. Denn so manches Projekt kann natürlich auch die Freisetzung von Arbeitsplätzen zur Folge haben. Gerade in wirtschaftlich schlechten Zeiten kann der Erfolg Ihres Projektes davon abhängen, wie viel Arbeitszeit Sie einsparen können. Vielleicht kann hier ein Wechsel des Blickwinkels helfen: Es ist nicht unbedingt die Frage interessant, wie viele Mitarbeiter gekündigt werden müssen. Anders herum betrachtet, darf man auch die Frage stellen: Wie viele Arbeitsplätze können wir denn retten?

Das Türsteher-Prinzip

Kennen Sie das auch? Klubs oder Diskotheken, die einen besonders strengen Türsteher haben, haben oft einen größeren Zulauf als Lokale, in die jeder hineinkommt. Dinge und Gelegenheiten werden für uns Menschen immer wertvoller, je schwerer sie für uns zu erhalten sind. Für Ihr Projekt bedeutet das: Exklusive Informationen sind wesentlich überzeugender als frei verfügbare. Die begrenzte Teilnahme an einem exklusiven Projektteam ist wesentlich attraktiver als ein Projekt, das um seine Mitglieder werben muss.

Ist der Kunde noch König?

Inzwischen ist der Kunde nicht mehr König, sondern wir dürfen uns freuen, ihn als unseren Partner begrüßen zu dürfen. Wenn ein Projekt vom Kunden initiiert worden ist oder er direkt damit zu tun hat, dürfen Sie den Mitarbeitern Ihres Unternehmens durchaus auch klar machen, dass letztendlich die Arbeitslöhne jedes Einzelnen von der Zufriedenheit der Kunden abhängig sind und nur durch eine aktive Kundenbindung gesichert werden können.

Die Firmenleitung von der Bedeutung eines Projektes überzeugen

Gerade in größeren Unternehmenseinheiten sitzen in der Firmenleitung nicht nur Ihre Auftraggeber, sondern auch viele andere wichtige Entscheider. Es ist Ihre Aufgabe, diese von der Wichtigkeit des Projektes zu überzeugen, notfalls Unterstützung einzufordern oder sie in das Projekt einzubinden. Versorgen Sie deshalb gerade zu Beginn des Projektes die Firmenleitung mit allen notwendigen Informationen über Dauer, Kosten, Ziele und benötigte Ressourcen. Machen Sie auch deutlich, wie wichtig der Schulterschluss und die Unterstützung „von oben" für das Projektergebnis sind. Für Sie und Ihre Autorität ist es bestimmt sinnvoll, wenn Sie die Firmenleitung zu Kickoff-Präsentationen und zu solchen Präsentationen einladen, bei denen Sie erreichte Teilziele oder Meilensteine vorstellen. Denken Sie immer daran: Wenn ein Projekt im stillen Kämmerlein dahinvegetiert oder Sie Ihr eigenes Licht unter den Scheffel stellen, wird das gesamte Projekt vergessen – und Sie dazu!

Geschäftsleitung einbinden

Doch Führungskräfte brauchen nicht nur Informationen. Gerade wenn kleine Probleme oder Konflikte im Projekt auftauchen, werden zu viele Informationen die Geschäftsleitung nur verwirren. In solchen Fällen brauchen Manager Entscheidungsgrundlagen.

Entscheidungsgrundlagen liefern

Bereiten Sie deswegen Ihre Präsentationen so vor, dass Sie neben wenigen Informationen am Ende zwei bis drei Lösungsvorschläge präsentieren und diese auch begründen.

Weil Sie der Fachmann sind, geben Sie eine Empfehlung ab, für welche Lösung Sie sich entscheiden würden, und begründen diese. So stellen Sie Ihre Kompetenzen ins Rampenlicht.

Unterstützung der Geschäftsleitung sichern Projektmarketing gegenüber der Geschäftsleitung und dem Auftraggeber ist besonders wichtig, weil Sie ja schließlich die Geschäftsleitung bei Ihren Präsentationen dabeihaben wollen, unter Umständen zusätzliche Mitarbeiter brauchen sowie regelmäßige und außerordentliche Termine mit ihr festlegen müssen. Mit der Unterstützung der Geschäftsleitung wird es Ihnen leichter fallen, bereits im Vorfeld des Projektes bestimmte Kompetenzen zu bekommen, die im weiteren Verlauf außerordentlich wichtig für Sie werden können. Gerade wenn die Projektidee oder Projektergebnisse gegenüber der Belegschaft präsentiert werden, ist es wichtig, dass Vertreter der Geschäftsleitung anwesend sind und mit Ihnen gemeinsam den Schulterschluss vollziehen. Auch das ist wieder eine Maßnahme, um potenziellen Gegnern und Kritikern den Wind aus den Segeln zu nehmen.

Welche Gründe können eine Führungskraft dazu bewegen, Ihr Projekt zu unterstützen?

1. Die Umsetzung des Projektergebnisses bringt die Führungskraft in ihrer Position oder beruflich weiter.
2. Durch das Finden von Gemeinsamkeiten und das ständige Loben Ihrer Führungskraft haben Sie so viele Sympathiepunkte gesammelt, dass die Führungskraft Ihr Projekt allein aus diesen Gründen unterstützen wird.
3. Vereinbaren Sie mit der Führungskraft doch einfach eine Gegenleistung: Wie schon in unserem Verkaufsgespräch angesprochen, können Sie selber etwas bieten und bekommen dafür die Unterstützung der Führungskraft.
4. Wenn Sie von Ihrem Projekt erzählen oder es präsentieren, versuchen Sie, durch Ihre Geschichten und Beispiele

positive Assoziationen im Kopf der Führungskraft hervorzurufen. Im Vorfeld haben Sie Gelegenheit, die Schlüsselwörter und Begriffe herauszufinden, die bei Ihrer Geschäftsleitung die besten positiven Bilder erzeugen. Ansonsten ziehen meistens Begriffe wie: *Ziele des Unternehmens, Einsparungspotenzial, Vergrößerung des Marktanteils* oder *Kundenbindung.*

5. Manager reagieren hoch sensibel, wenn ihnen die entstehenden Kosten, Risiken und Konsequenzen vor Augen geführt werden, sofern ein Projekt nicht beschlossen oder gelingen sollte.

6. Wir haben es gerade beschrieben, aber wiederholen es, weil es so wichtig ist: Führungskräfte brauchen keine Informationen, sondern Entscheidungsgrundlagen! **Entscheidungsgrundlagen**

7. Geben Sie der Geschäftsleitung das Gefühl, im gemeinsamen Boot zu sitzen. Durch ständige Weitergabe von Informationen und die Teilnahme an Präsentationen und Veranstaltungen können Sie Führungskräfte auch emotional an das Projekt binden.

8. Erzählen Sie der Geschäftsleitung, inwieweit durch das Projekt die Kundenbindung und die Kundenzufriedenheit gesteigert werden.

9. Wenn Sie die Projektziele mit dem Projektteam und der Geschäftsleitung gemeinsam vereinbaren, können Sie diese auch schriftlich festhalten und als gemeinsames Commitment von allen unterschreiben lassen. Eine schriftliche Willenserklärung wird auch Führungskräfte wesentlich stärker für Ihr Projekt arbeiten lassen.

10. Versorgen Sie die Geschäftsleitung mit exklusiven Informationen und vermitteln Sie ihr einen Hauch von Exklusivität des Projektes.

Überzeugende Fragetechnik –
die richtigen Fragen stellen

Haben Sie schon einmal Inspektor Columbo beobachtet, wie er seine Fälle löst? Neben vielen Erfolgsfaktoren, die er zweifelsohne aufweist, ist seine wichtigste Waffe die perfekte Fragetechnik. In allen Arten der Kommunikation – im Verkaufsgespräch wie in jedem anderen Gespräch – wird derjenige führen und bestimmen, der es versteht, die richtigen Fragen zu stellen. Lernen Sie die verschiedenen Fragetechniken kennen, üben Sie diese und setzen Sie sie erfolgreich ein. Gerade bei Gesprächen mit Mitarbeitern und Kollegen sollten Sie eine Reihe von Fragen vorbereitet haben. Tritt ein Einwand auf, so können Sie durch die richtigen Fragen erst einmal erkunden, woher er kommt und warum er vorgebracht wurde.

Oftmals ist nicht der Einwand selbst wichtig, sondern die Gründe, die dahinter stehen.

Fragearten   Nachfolgend finden Sie eine Aufstellung der wichtigsten Fragearten mit dazugehörigen anschaulichen Beispielen.

Die 10 Arten zu fragen und ihr Einsatz im Projekt

1. Offene Fragen
- Wer von Ihnen hat eine Frage?
- Welche Fragen kann ich Ihnen beantworten?
- Wann wollen wir anfangen?
- Wie würden Sie es denn in der Praxis machen?

2. Informationsfragen
- Wer von Ihnen weiß, wo wir Hilfe bekommen können?
- Wie können wir dieses Problem lösen?
- Wie sind Ihre Vorstellungen?

3. Rückfragen

- Können Sie das nochmal wiederholen?
- Sie sprachen vorhin von „Supply-Chain-Management" in der Logistik. Was ist das genau?
- Woher haben Sie diese Informationen?
- Was ist der Grund Ihres Einwandes?

4. Schließende Fragen

- Ist Ihre Frage damit beantwortet?
- Ist die Aufgabenverteilung für alle klar?
- Wollen wir so verbleiben?
- Kann ich mich auf diesen Termin verlassen?

5. Alternativfragen

- Wollen wir zuerst mehrere Fragen sammeln, oder soll ich gleich darauf antworten?
- Sind wir uns bisher einig oder soll ich einen Punkt wiederholen?
- Liefern Sie die Ergebnisse in Papierform oder digital ab?
- Möchten Sie für Ihre Arbeitsleistung einen Freizeitausgleich oder den Gegenwert ausbezahlt bekommen?

6. Gegenfragen

- Wie sehen Sie denn den Kontext?
- Was bezwecken Sie mit dieser Frage?
- Wie haben Sie es denn verstanden?
- Sollte Ihre Frage nicht besser lauten … ?

7. Weitergegebene Fragen

- Wer kann diese Frage beantworten?
- Sie haben jetzt den Bericht von der Geschäftsleitung gehört, was meinen Sie dazu?
- Sie haben alle die Darstellung des Problems von Herrn Meier gehört. Wie wollen wir damit umgehen?
- Für diese Aufgabe brauchen wir eine gute Lösung, wer hat eine Idee?

8. Rhetorische Fragen

- Soll ich Ihnen das wirklich beantworten?
- Meinen Sie, dass ich diese Frage zum ersten Mal höre?
- Wir sind uns doch alle einig, dass …?
- Wer möchte nicht für unser Projekt arbeiten?

9. Provokante Fragen

- Was sagen Sie als Unbeteiligter zum Thema Projektmanagement?
- Sie haben einen tollen 20-seitigen Bericht verfasst. Wann werden Sie anfangen, etwas Sinnvolles zu tun?
- Offenbar können Sie mir den genauen Zusammenhang nicht erklären?
- Sind Sie nur hierher gekommen, um hinterher das Buffet zu plündern?
- Wollen Sie die gleiche Frage noch einmal zu einem passenden Zeitpunkt stellen?

10. Suggestivfragen

- Wollen Sie nur Ihren Besitzstand wahren und keine Veränderungen zulassen?
- Sie sind doch nicht nur hierher gekommen, um Ihre Zeit abzusitzen, oder?
- Sie wollen doch sicherlich auch etwas tun, das Ihrer Karriere nützlich ist?

Machen Sie sich und Ihrem Kunden ein Bild

Die Kunst der Visualisierung

Was, meinen Sie, steht auf diesem Produkt geschrieben? Obwohl Sie die Schrift wahrscheinlich nicht lesen können, haben Sie es verstanden. Auch wenn es nicht die bekannteste Cola-Marke ist, hat das Marketing der Firma Pepsi wohl einen guten Job gemacht.

Eine alte chinesische Weisheit sagt: Ein Bild sagt mehr als 1000 Worte. Es gibt tatsächlich noch Menschen, die meinen, nur durch Worte überzeugen zu können. Sie haben schon immer einen schweren Stand gehabt und werden in der Zukunft wohl immer unbedeutender werden.

Ihr eigener Präsentationserfolg hängt zu einem überwiegenden Teil von der Fähigkeit ab, Inhalte und Zusammenhänge verständlich und visuell darzustellen.

Die moderne Gehirnforschung hat herausgefunden, dass der Mensch in seinen beiden Gehirnhälften auf zwei verschiedene Arten denkt: Die eine Gehirnhälfte ist für das digitale, also das rationale und analytische Denken zuständig. Die andere analoge Gehirnhälfte hilft uns bei emotionalem und kreativem Denken. Leider hat unsere Schulerziehung die Förderung unserer analogen, also der kreativen und bildlichen Gehirnhälfte, vernachlässigt. Wenn Sie in Ihren Präsentationen wissen, wie Sie beim Publikum beide Gehirnhälften zusammenarbeiten lassen, werden Sie deutlich überzeugender wirken. Wie Sie schon in der Verkaufsgesprächsführung gelernt haben, hängt auch hier die überzeugende Wirkung Ihrer Präsentationen größtenteils mit den Entscheidungen im Bauch zusammen. Allein schon deswegen sollten Sie reichlich visualisieren. Immerhin stammen 80 Prozent unseres Wissens aus Informationen, die wir über unser Auge aufgenommen haben. Dagegen haben wir leider nur elf Prozent unseres gespeicherten Wissens durch Hören erfahren. Es bleiben also noch neun Prozent übrig, die sich auf Geruchssinn, Tastsinn und Geschmack verteilen.

Warum Visualisierung so wichtig ist

In Experimenten wurde untersucht, inwieweit der Erinnerungswert von Präsentationen abhängig ist von der Ansprache der Sinne. Durch Lesen allein werden nur zehn Prozent

Wie wir unser Wissen behalten

der Inhalte behalten; wenn Sie etwas hören, sind es schon 20 Prozent, und durch Sehen behalten Sie immerhin 30 Prozent. Durch die Kombination von Sehen und Hören steigern Sie den Erinnerungswert auf deutlich über 50 Prozent. Dieser Wert kann nur noch durch die eigene Aktivität gesteigert werden: Dann sind es fast 90 Prozent!

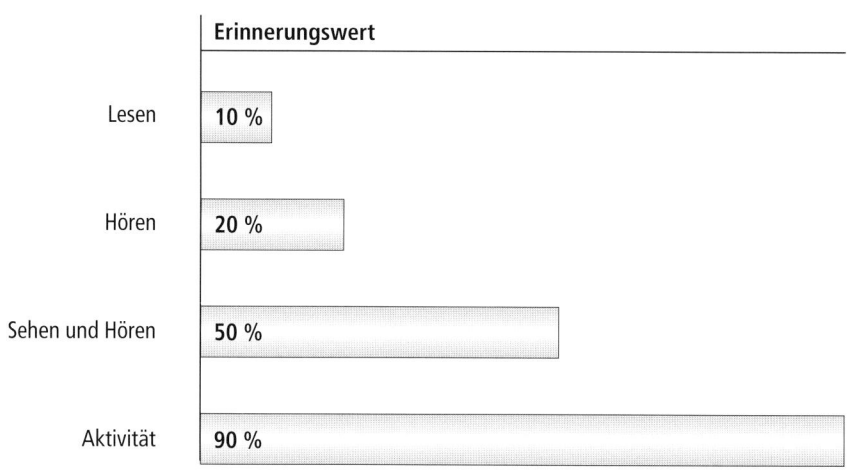

Was bedeuten diese Erkenntnisse für die Vermarktung Ihres Projektes? Sie als Projektleiter und Präsentator wirken auf verschiedene Menschen durchaus unterschiedlich. Wenn Sie Präsentationen mit visueller Unterstützung durchführen, achten Sie besonders darauf, welche Bilder und Symbole Sie auswählen und verwenden. Bei der Wahl von symbolischen Bildern müssen Sie berücksichtigen, wer die Teilnehmer Ihrer Präsentation sind. Menschen unterschiedlicher Nationalitäten und Kulturen setzen die gleichen Bilder in jeweils andere Kontexte, so dass unterschiedliche Assoziationen hervorgerufen werden.

Gerade für Ihr Projekt muss jede Präsentation wie ein Pfeil sein, den Sie abschießen. Trifft er sein Ziel nicht mit der Spitze, sondern nur mit dem Schaft, dann prallt er ab und bleibt wirkungslos. Treffen Sie aber mit der Pfeilspitze Ihrer Präsentation, so können Sie durch Schaft und Federn zusätzliche unterstützende Informationen weiterleiten. Bieten Sie Ihrem Publikum genügend Stoff durch Bilder, bildhafte Worte und weitere visuelle Unterstützung, damit in den Köpfen Ihre Inhalte hängen bleiben und durch die Hilfe der linken und der rechten Gehirnhälfte verarbeitet werden können.

Vorteile einer guten Visualisierung

- Ihr Publikum ist konzentrierter.
- Inhalte werden schneller erfasst.
- Strukturen sind übersichtlicher.
- Zusammenhänge werden deutlicher.
- Ihre Ideen werden verständlicher gemacht.
- Die Dauer einer Präsentation kann verkürzt werden.
- Die Teilnehmer können sich das Gesagte einprägen und behalten.
- Der Erinnerungswert ist höher.
- Die Vereinfachung durch Bilder macht die Botschaft verständlicher.
- Vergleichsmöglichkeiten werden deutlicher.
- Ihre Präsentation wirkt insgesamt überzeugender.

Die Elemente einer guten Visualisierung sind folgende:

Schrift

Achten Sie auf eine gute Lesbarkeit der Schrift und gehen Sie großzügig mit der Schriftgröße um. Bei Text gilt immer: Weniger ist mehr! Verwenden Sie weniger Schrifttypen und weniger Schriftschnitte. Eine Folie sollte nicht mehr als maximal sieben bis acht Zeilen haben. Verwirren Sie Ihre Teilnehmer nicht durch zu viele verschiedene Schriftgrößen. Zwei bis drei Schriftgrößen reichen vollkommen aus.

Streifen, Balken, Flächen, Kreise, Netze und Linien

Streifen, Balken, Flächen, Kreise, Netze und Linien helfen Ihnen, die Flächen und Raumgestaltung Ihrer Präsentation zu optimieren. Nutzen Sie die gestalterischen Spielräume und beachten Sie auch hier immer wieder: Weniger ist mehr. Versuchen Sie doch einmal, eine Folie mittels der entstehenden Freiräume zu gestalten.

Von den Farben des Regenbogens

Die Verwendung von Farben ist ein äußerst wichtiges Gestaltungselement.

> **Arbeiten Sie mit Folien oder dem Flipchart, so sollten Sie nicht mehr als vier verschiedene Farben einsetzen.**

Definieren Sie für sich selber, welche Farbe für welchen Zweck stehen soll. So können Überschriften, Textblöcke oder Linien und Kreise jeweils die gleiche Farbe haben.

Die Sprache der Symbole

Symbole und Piktogramme begegnen uns überall in unserem täglichen Leben: das rote Kreuz, die weiße Friedenstaube, Mann und Frau, WC-Schilder oder bekannte Zigarettenmarken. Bereits ein einzelner Buchstabe ist schon ein Bildzeichen, genauso wie die Worte, die Sie gerade lesen. Verstehen können Sie diese Zeichen nur, weil in unserer Kulturgesellschaft eine Vereinbarung darüber besteht, was sie bedeuten. Die Bedeutung von Symbolen und Piktogrammen, die wir heute kennen, verstehen wir nur aufgrund unseres Lebensumfeldes und unserer Kultur. Mit solchen Visualisierungen können Sie schnell, einfach und allgemein gültig Inhalte in Ihrer Präsentation transportieren.

Grafiken und Charts

Mit etwas Übung können Sie einfache Zeichnungen und Grafiken erstellen, die jeder verstehen kann. Wenn Sie eine Grafik mehrmals üben, wird auch Ihre Hand locker, und die Darstellung wird Ihnen besser gelingen. Notfalls bieten die heutigen Computerprogramme eine Menge Cliparts, Charts und Grafiken an, die Sie moderat verwenden können.

Fotografieren Sie gerne? Mit den neuen Digitalkameras ist es heutzutage kein Problem mehr, gute Fotos für eine Präsentation zu erstellen. Leider stoßen wir immer wieder auf Probleme, wenn wir abstrakte Begriffe bildlich darstellen wollen. Die nachfolgende Liste soll Ihnen eine Anregung geben, wie Sie diese Hürden meistern können. Vermutlich kommen Sie durch diese Anregungen auf neue eigene Ideen.

Fotos

- *Standhaftigkeit, Dauer – Fels in der Brandung*
- *Führung, Führungsqualitäten, Projektleiter – Dirigent*
- *Intelligenz, Wendigkeit – Delfin*
- *Ziele, Ziele erreichen – Zielscheibe*
- *Zeitmanagement, Termin – Uhr, Zifferblatt*
- *Ausblick, Zukunft, Planung – Fernglas*
- *Anerkennung, Lob – Blumenstrauß*
- *Dienstleistungen – Hotelpage*
- *Fortschritt erfolgt – Pfeil nach oben*
- *Entwicklungspotenzial – Blume mit Wurzeln*
- *Teamarbeit – Puzzle, Segelboot*
- *Ruhe, Entspannung – Sonnenuntergang, Segelboot*
- *Kraft – Elefant*
- *Zuverlässigkeit – Berg*
- *Begeisterung – Feuerzeug*
- *Software – Werkzeugkasten*
- *Projekt – Baustelle*
- *Mitarbeiter – Biergarten*

Damit die bildliche Darstellung Ihrer Präsentation einen Wiedererkennungseffekt hat, sollten Ihre Folien einen wiederkehrenden Rahmen mit Beschriftungen oder Logos aufweisen. Wenn Sie auf etwas besonders hinweisen oder Ihre Zuhörer gedanklich zurückholen wollen, darf natürlich eine Folie von diesem Rahmen einmal abweichen.

Corporate Design – die Chance der Wiedererkennbarkeit

Gestalten Sie Ihre Gedanken-Landkarte

Mindmaps Zu den beliebtesten Verfahren von Kommunikations-Profis gehören die so genannten Mindmaps, mit denen Sie Ihre Ideen ganz einfach strukturieren und visualisieren können. Wenn eine Familie ihren nächsten Urlaub planen will, wenn ein Verein ein Jubiläumsfest organisieren will, wenn Manager die zukünftige Geschäftsstrategie festlegen oder wenn Sie Ihr Projekt voranbringen wollen, eine Methode eignet sich für alle Anwendungen: Mindmapping.

Die Methode ist ebenso einfach wie genial. Im Gegensatz zu herkömmlichen Notizen – aufgeschrieben von links oben nach rechts unten – werden die Gedanken gehirn-freundlich und bildhaft dargestellt. Mit Mindmaps werden Bilder geschaffen. Jeder weiß, wie schwierig es ist, sich Namen zu merken. Verbindet man sie jedoch mit einem Bild, fällt das Wiederfinden leichter. Während wir uns in der Form der Liste nur wenige Einträge merken können, speichert das Gehirn ein Mindmap durch seine Form und Farben als Bild. So können Sie selbst nach einem halben Jahr Ihre eigenen Aufzeichnungen verstehen. Die Erinnerung kommt wieder, weil beim Anblick des Bildes Querverbindungen (von analoger zu digitaler Gehirnhälfte) im Gehirn aktiviert werden.

Mindmaps sparen wertvolle Zeit bei der Problemlösung, und zwar allein durch ihre Konstruktionsmerkmale. Sie notieren sich nicht ganze Sätze, sondern ordnen Sie die Begriffe sinngemäß an und verbinden sie geschickt durch Linien (Äste). Dabei zeigt ein Mindmap anhand des Wachstums seiner Äste schnell, welche Ansätze stark oder schwach sind und wo deshalb gedanklich ein Nachholbedarf besteht.

Anders als bei einer Liste oder Tabelle, die kaum Raum für Erweiterungen lässt, kann ein Mindmap durch seine Verästelung weiter organisch wachsen.

Mindmaps werden erstellt, indem man ein zentrales Thema formuliert und es in die Mitte eines Blattes schreibt und es umkreist. Vielleicht fällt Ihnen sogar ein grafisches Symbol für dieses Thema ein. Die Gedanken, die Sie im Hinblick auf dieses Hauptthema beschäftigen und die Sie verfolgen möchten, werden als Schlüsselbegriffe auf Linien geschrieben, die wie Straßen vom Zentrum wegführen. Auf diesen Straßen wandern Ihre Gedanken, verzweigen sich oder landen auch mal in einer Sackgasse. Immer wenn Ihnen zu einem bereits vorhandenen Wort etwas Neues einfällt, verbinden Sie beides miteinander. Mit Bildern und Farben können Sie Ihre Arbeit noch übersichtlicher und wirkungsvoller gestalten. Auf diese Weise entsteht eine Gedanken-Landkarte, die Ihnen hilft, neue Ideen zu entwickeln und gute Ansätze herauszufiltern. Professionelle Mindmaps lassen sich mit Hilfe der Software *Mindmanager* mit dem PC erstellen.

So einfach fangen Sie an

Die Vorteile von Mindmaps

- Ihre Kreativität wird gesteigert.
- Durch die anschauliche Darstellung können Sie Ihre Ziele schneller erreichen.
- Wissen kann effektiver verwaltet werden.
- Probleme werden effizienter gelöst.
- Ihre Konzentration erhöht sich.
- Sie werden Ideen spielerisch finden.
- Projekte lassen sich übersichtlicher planen.
- Sie werden leichter lernen.

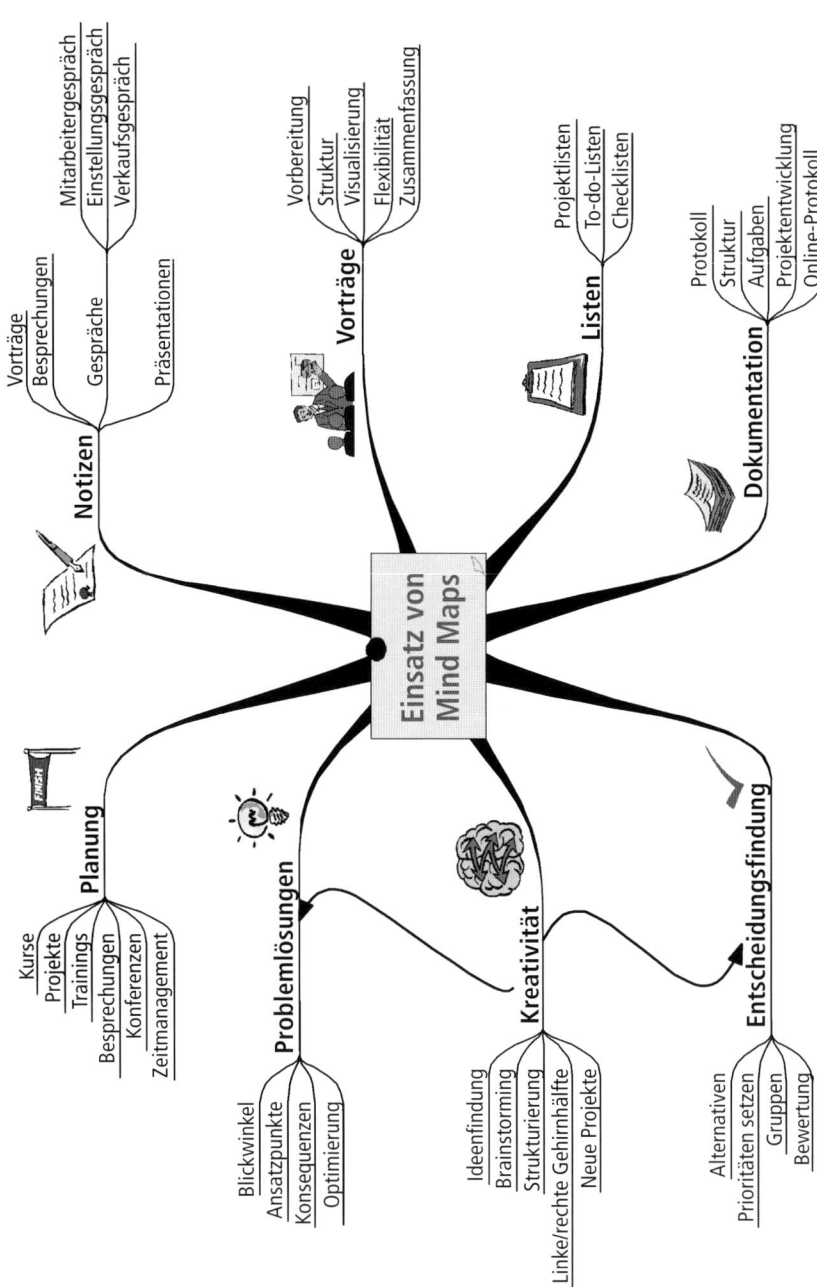

Durch die Anwendung von Mindmaps wird das Gehirn produktiver, und Ideen können übersichtlicher strukturiert werden.

Gesprächsführung und Kommunikation

Kommunikation ist wie Verkaufen. Was hat ein Mitarbeitergespräch oder gar ein Konfliktgespräch mit Verkaufen zu tun? Wenn wir einen genauen Blick auf den Ablauf und die Phasen des Verkaufsgesprächs werfen, werden wir feststellen: Die Sichtweise und die Struktur eines Verkaufsgespräches helfen uns im Projektmanagement mehr, als wir zuerst glauben wollen. Sicherlich sind hier Waren und Preise etwas ganz anderes. Sie heißen aber nur anders: Information, Mitarbeit, Konfliktlösung, Idee, Termin oder Unterstützung.

Wir unterscheiden vier Arten der Gespräche im Projekt: **4 Gesprächsarten**
- Informationsgespräch
- Motivationsgespräch
- Konflikt- oder Krisengespräch
- Entscheidungsgespräch

Anhand von vier Fallbeispielen wollen wir die jeweilige Vor- **Vorbereitung**
gehensweise untersuchen. Aber halt! Wie so oft im Leben beginnt ein Gespräch nicht bei der Begrüßung oder der Vorstellung, sondern schon lange vorher: bei der Vorbereitung! Weil Konfliktgespräche die heikelsten sind, werden wir eine ausführliche Darstellung der Vorbereitung für dieses Gespräch exemplarisch für alle Gespräche erläutern. Lassen Sie uns einmal gemeinsam schauen, wie wir die Struktur des Verkaufsgesprächs auf diese vier Arten der Gesprächsführung übertragen können.

Das Informationsgespräch

Ziel des Informationsgespräches ist es, Akzeptanz zu schaffen oder Informationen, Zahlen und Fakten zu bekommen.

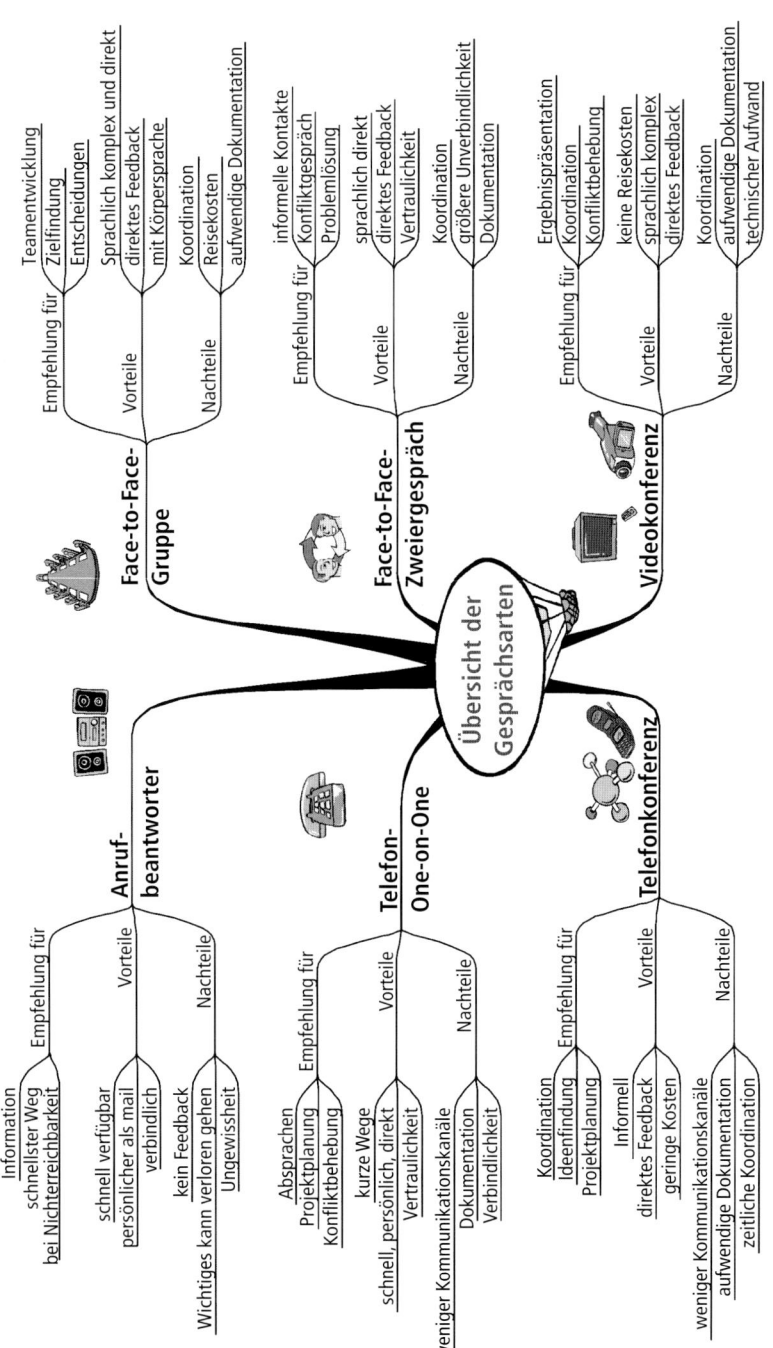

Übersicht über die Kommunikationsformen

Sie haben eine Präsentation über die Einreichung eines Meilensteins gehalten. In der Diskussion erfahren Sie in einem Nebensatz, dass einer der Anwesenden in einem ähnlichen Projekt viele Erfahrungen gesammelt hat. Sie wissen, dass dieser Kollege häufig unter Arbeitsüberlastung und Zeitdruck leidet. Nach der Veranstaltung vereinbaren Sie einen Termin mit ihm, bei dem Sie ihn um die Weitergabe von Informationen und die eine oder andere beratende Teilnahme an einem Workshop bitten möchten. Ihre Aufgabe ist es nun, diesen Kollegen davon zu überzeugen, dass auch er einen Nutzen hat, wenn er Ihnen zuarbeitet.

Fallbeispiel

Fangen Sie ein solches Gespräch einfach damit an, dass Sie genau das, was Sie von Ihrem Kollegen wollen, besonders gut herausstellen. Loben Sie ihn also für seine großen Erfahrungen, seine Kenntnisse und seine Motivation, für dieses Unternehmen zu arbeiten. Ein Mensch, dem Sie schmeicheln, wird eine positive Einstellung bekommen und wesentlich lieber etwas für Sie tun.

**1.
Die Aufwärmphase**

Haben Sie sich vorher überlegt, wie die Zielerreichung Ihres Projektes dem Kollegen genauso nützlich sein kann? Wenn nicht oder wenn Sie es nicht wissen, dann fragen Sie ihn doch einfach, was ihm wichtig ist. Jeder Mensch hat verschiedene Gründe, warum er gerne für ein Unternehmen arbeitet. Vielleicht finden Sie auch etwas über seine Ziele heraus.

**2.
Bedürfnisse
und Wünsche
des anderen**

Wenn Sie gut gefragt haben, hat Ihnen der Kollege eine Menge Antworten gegeben, aus denen Sie jetzt nur noch eine auswählen müssen, die Sie mit Ihrem Projekt in Verbindung bringen können. Erzählen Sie also, wie Sie ihm helfen können, seine Wünsche zu erfüllen. Und besonders gerne werden Sie ihm seine Wünsche natürlich erfüllen, wenn er dafür bereit ist, Ihrem Projekt nützlich zu sein.

**3.
Entertainment
im Projekt –
Präsentation
des Angebots**

4.
Die Preis-
verhandlung

Sie betreiben hier also einen Handel mit Informationen! Haben Sie dem Kollegen bereits vorher ein für ihn attraktiv erscheinendes Angebot gemacht, so können Sie die Phase der Preisverhandlung relativ kurz halten. Sie vereinbaren einfach eine Strategie der Gegenleistung. (Die Motivationskünstler unter den Projektleitern schaffen es, Informationen und kleine Gefälligkeiten auch ohne Gegenleistung zu bekommen. Sie erzeugen einfach einen so hohen Sympathiewert, dass andere Menschen gerne etwas für sie tun.)

5.
Die gemeinsame
Vereinbarung

Meistens reicht es nicht aus, Zeit und Ort des gegenseitigen Austausches zu vereinbaren. Versuchen Sie allerdings auch, informelle Gespräche mit einer gemeinsamen Vereinbarung zu beenden. Denn Sie wissen nie, wann Sie alte Seilschaften und Netzwerke wieder brauchen.

Das Motivationsgespräch

Ziel des Motivationsgespräches ist es, andere Kollegen oder Mitarbeiter für eine Unterstützung oder eine Mitarbeit zu gewinnen und zu motivieren.

Fallbeispiel

In Ihrem Projektteam befindet sich ein Kollege, der auf Grund seiner Berufserfahrung und seines spezifischen Wissens besonders wertvoll für das Projektteam ist. Allerdings ist er dem Projekt und seinen Zielen gegenüber kritisch eingestellt. Vielleicht befindet er sich sogar schon in der inneren Emigration. Ihre Aufgabe als Projektleiter ist es nun, mit diesem Mitarbeiter ein Gespräch zu führen und ihn zur engagierten Mitarbeit zu motivieren. Versuchen Sie dabei auch, die fünf Phasen des Verkaufsgespräches anzuwenden.

Wie würden Sie dabei vorgehen?

Gerade wenn es um Motivation, also auch um Gefühle und innere Einstellung, geht, müssen Sie das Gespräch von Anfang an auf eine zwischenmenschliche Basis stellen. Versuchen Sie die verschiedensten Wege, um Interessen, berufliche wie auch private Ziele und Hobbys dieses Menschen zu erkunden. Bewundern Sie ihn für seine Erfahrung, loben Sie ihn für sein Wissen oder zeigen Sie Interesse für seinen Arbeitsplatz.

1.
Die Aufwärmphase

Wenn Mitarbeiter nicht motiviert sind, so ist der Grund dafür in vielen Fällen ganz woanders zu suchen. Ihre Herausforderung ist es jetzt herauszufinden, was wirklich dahinter steckt. Wieder können Sie durch eine geschickte Fragestrategie viele Antworten bekommen, die Ihnen später noch sehr nützlich werden können:

2.
Bedürfnisse
und Wünsche
des anderen

- Was gefällt Ihnen an Ihrer Arbeit?
- Was ist Ihnen in Ihrem Job wichtig?
- Was würden Sie an Ihrem Arbeitsplatz gerne ändern?
- Wenn Sie über das Projekt entscheiden könnten, was würden Sie ändern?
- Welches sind Ihre weiteren beruflichen Ziele?
- Welche Wünsche würden Sie sich privat gerne erfüllen?
- Was kann ich persönlich tun, um Ihnen bei Ihren Zielen zu helfen?
- Welche Entwicklungsmöglichkeiten wünschen Sie sich?
- Welche Fortbildung und Beförderungskonzepte sind für Sie wichtig?
- Wie können wir Ihre Motivation und Ihre Tätigkeit für unser Projekt zusammenbringen? Was schlagen Sie vor?
- Was können wir dafür tun, dass Ihre Befürchtungen nicht eintreten?
- Was ist das Besondere an unserem Projekt?

**3.
Entertainment
im Projekt –
Präsentation des
Angebots**

Wenn wir in unseren Seminaren zusammen mit den Teilnehmern diese Fragen entwickeln, entdecken wir so manches traurige Gesicht dabei. Ja sicherlich, wir kennen sie alle, die Mitarbeiter, die auf solche Fragen nur destruktive oder vernichtende Antworten haben. Manchmal kann es notwendig sein, den einen oder anderen aus dem Projekt zu nehmen. Das sind harte Entscheidungen. Aber wollen Sie sich von solch einem Kollegen Ihre eigene Karriere verbauen lassen?

Doch genauso gibt es Mitarbeiter, die bei der Beantwortung Ihrer Fragen einen Hoffnungsschimmer aufflackern lassen oder deren Augen zu leuchten beginnen. Es gibt die verschiedensten Gründe, warum sich Menschen motivieren lassen. Versuchen Sie jeweils herauszufinden, welchen Motivationskanal Sie bei Ihrem Gesprächspartner aktivieren wollen. Wir möchten Ihnen hier nur einige Stichpunkte nennen:

Sicherheit des Arbeitsplatzes, Wunsch nach Ordnung, Wunsch nach Freundschaft, Gruppenzugehörigkeit, Wettbewerb, Macht, Wissen, Anerkennung, Lob, Erfolge, Rekorde, Gewinne, Geld, Statussymbole, Kreativität, Selbstverwirklichung, Individualität, soziales Engagement, Karriere, Freizeit, Spaß, Zufriedenheit oder Gesundheit.

Jetzt können Sie signalisieren, wie Sie dem Mitarbeiter helfen wollen, seine eigenen Ziele zu erreichen. Fragen Sie auch danach, was passieren müsste, damit er seine Einstellung zum Projekt ändert. Versuchen Sie, gemeinsam einen Weg aufzuzeichnen, der für alle begehbar ist.

**4.
Die Preis-
verhandlung**

Wer meint, mit Druck führen zu können, sollte dies gerne tun. Aber wird er damit nachhaltig Erfolg haben? Versuchen Sie, wechselseitig Lösungsvorschläge zu formulieren und diese zu einer Lösung zu komprimieren. Wenn der Mitarbeiter sieht, wie er durch seine Mitarbeit für das Projekt motiviert werden kann, wird er Ihre Gegenleistung einfordern.

Damit der Mitarbeiter auch schwarz auf weiß vor Augen hat, wie sehr Sie bemüht sind, ihn in das gemeinsame Projekt zu holen, können Sie die gemeinsame Vereinbarung und die damit verbundenen Ziele, Tätigkeiten und Gegenleistungen schriftlich formulieren und sich gegenseitig bestätigen.

5. Die gemeinsame Vereinbarung

Das Konflikt- oder Krisengespräch

Die große Aufgabe des Konflikt- oder Krisengespräches ist es, für einen Konflikt oder eine bestehende Krise eine akzeptable Lösung für alle Beteiligten zu finden. Es ist immer erfreulich, wenn sich in Projekten alle einig sind und es keine Unstimmigkeiten oder Konflikte gibt. Nur arbeiten dort eben auch Menschen, und zu Menschen gehören Konflikte im Arbeitsalltag. Für einen Projektleiter ist es deshalb eine wichtige Aufgabe, ein richtiges Konfliktmanagement zu betreiben. Leider haben wir in unserer Ausbildung nur selten gelernt, wie wir Konflikte lösen können, damit sich in Gesprächen nicht die Fronten verhärten und die Lösung eines bestehenden Konfliktes nicht in noch weitere Ferne rückt. Haben Sie selber ein Problem, so geraten Sie in einen Leidensdruck, von dem andere vermutlich gar nichts wissen. Jetzt sind Sie am Zug. Versuchen Sie deshalb, mit dem anderen einen Termin zu einem günstigen Zeitpunkt zu vereinbaren.

Doch bevor Sie das Gespräch führen, sollten Sie sich immer gründlich darauf vorbereiten.

Machen Sie sich deshalb zuallererst klar, worum es in diesem Konflikt eigentlich geht.

Bestimmt lohnt es sich, wenn Sie dafür ein Blatt Papier nehmen und sich Gedanken zu folgenden Fragen machen:

- Was stört mich genau?
- Was sind die kritischen Punkte aus meiner Sicht?
- Was können die Problempunkte aus der Sicht des anderen sein?
- Was weiß ich davon sicher, was kann ich nur vermuten?
- Was sind rationale, was sind emotionale Probleme?

Sach- und Persön-
lichkeitsebene
Diejenigen Teile des Konflikts, die auf der Sachebene zu klären sind, werden selten ein Problem darstellen. Die jeweilige persönliche Betroffenheit ist meist gering. Schlimmer kommt es, wenn Gefühle und die so genannten Bauchentscheidungen eine wichtige Rolle spielen. Ein psychologisches Phänomen wirkt dabei zuverlässig: Sind wir gut gelaunt oder von einer Sache begeistert, so neigen wir leicht dazu, die rosarote Brille aufzusetzen und alles in wunderbaren Farben zu sehen. Sind wir aber ärgerlich, wütend oder voller negativer Gefühle, so löst dies unter Stress eine Veränderung unserer Wahrnehmung aus. Aus dem angenehmen und berühmten Panoramablick wird dann der einschränkende Tunnelblick. Wir haben den Überblick verloren und sind so auf ein Problem fixiert, dass uns alle Lösungsmöglichkeiten weit entfernt scheinen. Machen Sie sich deshalb Gedanken über Ihren eigenen Anteil an der Krise oder dem Konflikt. Folgende Fragen können Ihnen dabei helfen:

- Was ist mein persönlicher Anteil an der problematischen Situation?
- Sind wirklich nur die anderen schuld?
- Warum ist es zu diesem Konflikt gekommen?
- Habe ich die Situation vielleicht falsch eingeschätzt?
- Wie könnten andere Beteiligte die Situation sehen?
- Was würde der andere dazu sagen?

Wenn Sie sich nun selbst Klarheit über den Konflikt verschafft haben, können Sie daran gehen, die wichtigsten Argumente zusammenzustellen. Schreiben Sie alle Argumente auf. Dann wechseln Sie den Blickwinkel und halten alle Argumente fest, die die andere Seite vorbringen könnte. Seien Sie dabei ehrlich zu sich selber, denn jetzt haben Sie die Chance, einen umfassenden Überblick zu bekommen. Letztendlich müssen Sie ja nicht alle Argumente im Gespräch tatsächlich vorbringen.

Leider sind wir keine Hellseher und können den Ausgang eines Konfliktgespräches nicht vorausahnen. Lehnen Sie sich zurück und entspannen Sie sich jetzt. Überlegen Sie sich, welche unterschiedlichen Ergebnisse Ihr Gespräch haben kann. Gehen Sie die gesamten Möglichkeiten in ihrer Bandbreite durch, und fragen Sie sich:

Der Lösung möglichst nahe kommen

- Was kann schlimmstenfalls passieren?
- Wie schlimm ist es wirklich?
- Bin ich bereit, diese Konsequenzen zu tragen?
- Was kann bestenfalls passieren?
- Welche Lösung kann beide Partner als Gewinner auseinander gehen lassen?

Wenn Sie ein flaues Gefühl im Magen haben oder sich Ihrer Gesprächsstrategie unsicher sind, so suchen Sie sich einen Partner, mit dem Sie in kleinen Rollenspielen die Gesprächssituation üben können. Versuchen Sie verschiedene Herangehensweisen und wechseln Sie mehrfach die Rollen.

Wenn Sie sich in die Position des anderen hineinfühlen können, werden Ihnen neue Gesprächsstrategien oder Lösungsmöglichkeiten einfallen.

Kurz bevor Sie das Gespräch nun in der Realität führen, dürfen Sie sich gerne positiv darauf einstellen. Vielleicht sehen nur Sie alleine Ihren Konfliktpartner als unmöglichen Menschen an, obwohl der von vielen anderen sehr geschätzt wird. Überlegen Sie sich auch, wo Sie u. U. Gemeinsamkeiten haben. Kommunikationsprofis schaffen es sogar, sich vor dem Gespräch den Ablauf und das Ende bildlich vorzustellen und so ihren eigenen kleinen Film zu drehen. Die Erfahrung vieler Menschen auf der Welt hat gezeigt: Wer eine kritische Situation vorher visualisiert, hat eine weitaus größere Chance, sein Ziel zu erreichen.

Fallbeispiel *Nach einer gemeinsamen Sitzung verschiedener Projektleiter mit der Geschäftsführung ist es zwischen Ihnen und einem anderen Projektleiter zu einem offenen Streit gekommen. Aufgrund von begrenzten Ressourcen können Sie sich nicht einig werden, wer welche Mitarbeiter einsetzen kann und welche Projekträume jeweils belegt werden können. Wegen der beiderseitig steigenden gefühlsmäßigen Anspannung haben Sie sich gegenseitig beleidigt und sind ohne Ergebnis auseinandergegangen. Es scheint also keine Aussicht auf eine Lösung des Problems zu geben, wenn Sie nicht vorher Ihren Streit beilegen. Ihre Aufgabe als Projektleiter ist es nun, mit dem Kollegen ein einigendes Gespräch zu führen und eine gemeinsame Basis für eine weitere Zusammenarbeit zu finden.*

Wie werden Sie vorgehen, wenn Sie die fünf Phasen des Verkaufsgesprächs anwenden wollen? Sie haben jetzt die Chance, direkt und sofort zu üben! Nehmen Sie sich einige Blätter Papier zur Hand und einen Stift. Gehen Sie die Vorbereitung mit den dazugehörigen Fragen noch einmal durch und beantworten Sie diese schriftlich.

1.
Die Aufwärmphase Damit die Grundlage für ein positives Gelingen des Gespräches gesetzt ist, haben Sie einen neutralen Ort gewählt und dafür gesorgt, dass keine Störungen auftreten werden.

Führen Sie solche Gespräche möglichst als Zweiergespräch. Ist eine Konfliktlösung nur in der Gruppe möglich und sind Sie selber in das Problem eingebunden, so engagieren Sie sich einen objektiven Moderator für die Gesprächsleitung. Versuchen Sie neben einigen freundlichen Worten am Anfang auch, Gemeinsamkeiten zu schaffen. Überlegen Sie zusammen mit dem anderen, was Sie im Projekt gemeinsam haben oder welche Ziele Sie gemeinsam tragen können. Es ist schon vorgekommen, dass die gemeinsame Basis zweier Konfliktpartner weitaus größer war, als sie zuerst angenommen hatten.

Nachdem Sie grundsätzlich Ihre Gesprächs- und Verhandlungsbereitschaft signalisiert haben, machen Sie dem anderen deutlich, wie interessiert Sie daran sind, das bestehende Problem zu verstehen und zu lösen. Bieten Sie jetzt ein gemeinsames Frage- und Antwortspiel an, indem die jeweils andere Position ausgeleuchtet werden kann. Überlegen Sie sich schon vorher die passenden Fragen. Nehmen Sie dabei den Gesprächspartner immer ernst. Hören Sie aktiv zu. Lassen Sie den anderen ausreden. Wenn Sie sich nicht sicher sind, ob Sie eine Aussage verstanden haben, so fragen Sie nach. Sicherheitshalber können Sie die Worte des anderen nochmals wiederholen.

**2.
Bedürfnisse und
Wünsche des
Konfliktpartners**

Wenn Sie über einzelne Problemfälle oder Konfliktsituationen reden, so sprechen Sie immer nur aus Ihrer eigenen Sicht. Verwenden Sie dabei die so genannten Ich-Botschaften, beispielsweise:

- *Ich habe beobachtet, dass Sie …*
- *Ich möchte gerne, dass Sie meine Sichtweise verstehen …*
- *Ich fühle mich …, wenn Sie …*
- *Auf mich wirkt Ihre Verhaltensweise …*
- *Ich persönlich bin der Meinung, dass …*
- *Ich wünsche mir, dass wir in Zukunft …*

3.
Entertainment
im Projekt –
Präsentation
des Angebots

Gerade bei Konflikten und Krisen wird viel und gerne über Probleme geredet. In unserer Gesellschaft gibt es leider viele Menschen, die sehr viele Probleme haben. Untersuchungen haben gezeigt, dass diese Menschen mehrheitlich auch zu den weniger erfolgreichen gehören. Was macht einen erfolgreichen Menschen in Krisen aus? Probleme haben wir alle. Die Kunst dabei ist es, aus einem Problem eine Aufgabe zu formulieren. Das Spannende daran ist: Aus einer Aufgabe kann ein Ziel werden, und durch die Formulierung von Teilzielen und Arbeitsschritten können Aufgaben bewältigt werden.

Wenn Sie im Gespräch auf der Suche nach einer gemeinsamen Lösung sind, klären Sie zuerst noch einmal die Gemeinsamkeiten ab. Oft wird dann ein Konflikt zu einem wesentlich kleineren Problem, das leichter gelöst werden kann. Auch Ihre private Vergangenheitsbewältigung hat hier nichts zu suchen. Was Sie jetzt nicht ändern können, hat für die Lösung und eine Vereinbarung in der Zukunft keine Bedeutung. Auch in dieser Phase dürfen Sie noch Fragen stellen:

- Welche Lösung könnten Sie sich vorstellen?
- Wie kommen wir wieder aus dieser Krise heraus?
- Wie haben Sie sich denn vorgestellt, wie ich das Problem lösen würde?
- Wie können wir sicherstellen, dass wir beide unsere Projektziele erreichen?
- Wie haben wir beide zu dieser Situation beigetragen?

Entwickeln Sie aus den gesammelten Antworten einen Vorschlag für eine gemeinsame Lösung.

4.
Die Preisverhandlung

Gerade in Konfliktgesprächen ist die Frage des ausgehandelten Preises äußerst heikel. Wenn Sie sich bereits vor dem

Gespräch überlegt haben, was Sie selber bereit sind zu investieren, können Sie auch mit diesem Ziel ins Gespräch gehen und werden aus einer sicheren Position heraus verhandeln.

Konflikte zu lösen, heißt oft, Kompromisse eingehen zu müssen.

Treffen Sie auf jeden Fall eine verbindliche Vereinbarung für die Zukunft. Nur wenn Sie beide innerlich Ja zu der gemeinsamen Lösung sagen, können Sie das Gespräch als gelungen bezeichnen. Stehen Sie zu dieser Entscheidung und denken Sie bitte nicht weiter darüber nach, ob Sie vielleicht noch eine bessere oder perfektere Lösung hätten finden können. Eine Lösung, die alle tragen können, ist um vieles besser als eine vermeintlich perfekte oder bessere Lösung, der sich nur wenige anschließen können.

5.
Die gemeinsame
Vereinbarung

Das Entscheidungsgespräch

Im Entscheidungsgespräch wollen Sie gemeinsam mit den Beteiligten eine Entscheidung herbeiführen, die das Projekt unterstützt und ihm weiterhilft.

Ihr Projekt läuft von den Ergebnissen her sehr gut, nur ist bereits jetzt abzusehen, dass der Zeitrahmen nicht eingehalten werden kann. Es wäre allerdings möglich, wenn Sie sofort zwei zusätzliche Mitarbeiter freigestellt bekämen, den Zeitplan noch zu erfüllen. Weil ein Kunde auf die Ergebnisse Ihres Projektes wartet, ist es für Ihr eigenes Unternehmen durchaus von Wichtigkeit, dass der Termin eingehalten werden kann. Ihre Aufgabe ist es nun, mit einem Bereichsleiter aus der Geschäftsführung ein Gespräch zu führen, in dem Sie eine Strategie

Fallbeispiel

entwickeln können, wie durch den zusätzlichen Einsatz von zwei Mitarbeitern der Terminplan für das Projekt gerettet werden kann. Eigentlich brauchen Sie nur die Entscheidung des Bereichsleiters, dass er Ihnen zwei neue Mitarbeiter zur Verfügung stellt ...

Wir können Ihnen die fünf Phasen des Verkaufsgesprächs helfen, dem Bereichsleiter die Entscheidung zu vereinfachen?

Sie sehen schon: An das Ende unserer vier Fallbeispiele haben wir jeweils eine Frage an Sie direkt gerichtet. Warum? Wir möchten Sie gerne motivieren, an dieser Stelle innezuhalten und über Ihre eigenen Lösungsmöglichkeiten nachzudenken. Wenn Sie genau das tun, steigen Sie jeweils in die Phase der Vorbereitung solcher Gespräche ein. Und es wird Ihnen höchstwahrscheinlich passieren, dass Sie sofort an ähnliche Situationen in Ihren Projekten denken. Genau das ist der Zweck solcher Fallbeispiele. Allein schon die Beschäftigung mit solchen Gesprächen wird Ihnen in der Zukunft in Ihrem Projektgeschäft helfen.

1.
Die Aufwärmphase

Bei einem Gespräch mit dem Vorgesetzten wird in manchen Fällen keine richtige zwischenmenschliche Beziehung aufgebaut werden können. Und das liegt nicht unbedingt am Vorgesetzten. Viele Mitarbeiter trauen sich einfach nicht, mit ihrem Vorgesetzten auch einige persönliche Worte zu reden. Wenn Sie schon nicht über seine Hobbys reden wollen, können Sie doch wenigstens über das Unternehmen und seine Situation im Allgemeinen reden.

2.
Bedürfnisse und Wünsche des Kunden

Fragen Sie noch einmal nach, welchen Stellenwert Ihr Projekt im Unternehmen hat. Optimal ist es für Sie allerdings auch, wenn der Vorgesetzte auch persönlich oder beruflich einen Vorteil davon hat, dass Ihr Projekt in der vorgegebenen Zeit beendet wird. Vielleicht fragen Sie auch einmal danach, was die Geschäftsführung über Ihr Projekt überhaupt weiß. Versuchen Sie herauszubekommen, ob Ihr Projekt als dringlich oder wichtig oder beides angesehen wird. Wenn es tatsächlich eine Prioritätenliste der verschiedenen Projekte gibt, können Sie hier versuchen, einige Plätze nach oben zu rücken.

In diesem Fallbeispiel ist die Präsentation Ihres Angebotes tatsächlich eine Forderung nach Investition. Es wird deshalb wichtig sein, eventuelle Konsequenzen aufzuzeigen, wenn das Projekt nicht rechtzeitig fertig gestellt werden kann. Wenn ein Kunde eingebunden ist, kann auch von dieser Seite ein „Motivationsschub" erfolgen.

**3.
Entertainment im Projekt – Präsentation des Angebots**

Wenn Sie für weitere Ressourcen kämpfen müssen, haben Sie wenig Chancen, eine richtige Gegenleistung zu erbringen. Zeigen Sie deshalb die Konsequenzen auf, wenn das Projekt nicht fertig gestellt werden kann. Zur Not müssen Sie auch einmal aufzeigen, worauf das Unternehmen und Ihre Führungskraft verzichten müssen; das können sein: die Einhaltung des Termins, die Qualität des Projekts, die Kundenzufriedenheit, fallende Umsätze oder sinkende Marktanteile.

**4.
Die Preisverhandlung**

Wenn Sie sich nicht gleich einigen können, überlegen Sie, welche Folgegespräche geplant werden können. Vielleicht müssen auch andere Personen aus der Geschäftsführung oder von der Kundenseite her mit einbezogen werden.

**5.
Die gemeinsame Vereinbarung**

Sollte die Entscheidung nicht zu Ihren Gunsten fallen, so müssen Sie das Gesprächsergebnis auf jeden Fall schriftlich festhalten, sich notfalls sogar gegenzeichnen lassen.

Verweisen Sie in diesem Protokoll noch einmal darauf, dass Sie auf die kritischen Konsequenzen deutlich hingewiesen haben. Schließlich soll sich die fehlende Unterstützung des Managements nicht auf Ihre Karriere auswirken.

Projekt-Merchandising

Merchandising – das ist doch das mit den Fanartikeln von berühmten Filmen oder Sportvereinen. Sie werden fragen, was denn bedruckte T-Shirts, Tassen und Stifte mit Projektmarketing zu tun haben sollen, und einwenden, dass Ihr Projekt doch kein Fußballverein sei, der sein Image gewinnbringend verkaufen will und muss. Aber ganz so weit hergeholt ist die Idee, Merchandising-Produkte für das Projektmarketing einzusetzen, nicht. Beide Dinge verfolgen einen ähnlichen Zweck: Sie wollen die Bekanntheit der Marke bzw. des Projekts steigern. Es gibt eine Reihe von einfachen Möglichkeiten, diese Mittel mit überschaubarem Aufwand einzusetzen und damit oft erstaunliche Wirkungen zu erzielen.

Alles ISO oder was? *Das Unternehmen CarTec hatte ein Projekt zur Einführung des Qualitätsmanagementsystems ISO 9001 begonnen. Unter diesem Titel kann sich der gemeine Mann an der Maschine nun gar nichts vorstellen. Dabei war abzusehen, dass einige Zusatzarbeit auf die Mitarbeiter zukam. Außerdem war bekannt, dass Zertifizierer bei der Prüfung gerne eine Runde durchs Unternehmen machen und beliebige Leute zum Thema befragen. Daher beschloss der Projektleiter gleich zu Beginn des Projektes etwas Ungewöhnliches zu tun, um die Bekanntheit des Projektes zu steigern. Er bestellte für die Teammitglieder von einem spezialisierten Versandhaus T-Shirts, Tassen und Blöcke mit dem Aufdruck: „ISO 9001 – Die Qualitätsoffensive von CarTec". Als die ersten Teammitglieder mit diesen T-Shirts im Unternehmen auftauchten, fragten natürlich viele neugierig, was es mit diesem Projekt auf sich hat, und die Teammitglieder waren recht schnell bekannt.*

Beispiel Automobilhersteller *Ein Automobilhersteller verteilte an seine Entwicklungsmannschaft kleine Spielzeugautos mit Federantrieb, um die kreative Fantasie zu stimulieren.*

Es gibt eine ganze Reihe weiterer Beispiele zur Nutzung von Merchandising-Ideen. Hier eine kleine Auswahl davon:

Auswahl von Merchandising-Ideen

- *Schreibblöcke – werden immer benötigt*
- *Stifte – schnell besorgt und preiswert*
- *Tassen – unheimlich praktisch für die „Kommunikation by Kaffeepause"*
- *Pins – lohnt sich bei großen Projekten eventuell als Auszeichnung für besondere Leistungen*
- *Schildmützen – vor allem im Produktionsbereich praktisch, aber auch für Sport und Freizeit gern genutzt*
- *T-Shirts – können Sie mit einer Farbvorlage schon in guten Copyshops schnell und einfach herstellen*
- *Poloshirt – die elegante Variante des T-Shirts*
- *Poster – sollten auch mit den wichtigen Inhalten versehen sein*
- *Schirme – wenn Sie ein Projekt in England durchführen*
- *Projektthemenbezogene Artikel – z. B. Schweizer Messer für ein Qualitätsprojekt, ein Feuerzeug für ein Innovationsprojekt, eine Uhr für Effizienzprojekte etc.*
- *CDs – mit dem Projektfilm „Making of …"*

Sinnvoll sind natürlich vor allem solche Artikel, die im Rahmen des Projektes eingesetzt werden können, um so auch den gewünschten „Werbeeffekt" zu erzielen. Verteilen Sie diese Artikel nicht willkürlich, sondern finden Sie geeignete Zeitpunkte. So können Sie z.B. gleich zu Beginn einer Klausursitzung des Projektteams T-Shirts verteilen, um so unbewusst das Zusammengehörigkeitsgefühl zu steigern. Neben Kickoffs sind Teamsitzungen der geeignete Anlass, diese Gegenstände auszugeben.

Wenn Sie diese Maßnahmen gezielt anwenden, können aus gewöhnlichen Artikeln schnell Sammlerstücke werden. Es soll schon Mitarbeiter gegeben haben, die ein Extra-Regal für diese Projekttrophäen hatten.

Kommunikationsmedien

Kommunikation ist das zentrale Thema des Projektmarketings, und daher dürfen hier natürlich Hinweise und Anregungen zu den wichtigsten Kommunikationsmitteln und -medien nicht fehlen. Diese reichen vom einfachen Flugblatt bis zum Internetauftritt. Patentrezepte, welches Medium am geeignetsten ist, wollen wir hier allerdings nicht geben, da dies meist sehr projektspezifisch zu handhaben ist. Da die Herstellung bzw. Anwendung dieser Medien in der Regel mit Aufwand und Kosten verbunden ist, gilt es, sich rechtzeitig ein Budget bzw. Unterstützung aus der Kommunikationsabteilung zu sichern. Versuchen Sie auch die – vielleicht versteckten – Talente der Projektmitarbeiter zu nutzen, z. B. beim Fotografieren oder Gestalten von Postern.

Projekthandbuch   Ein oft unterschätztes Medium für die Projektarbeit kann das Projekthandbuch sein. Nutzen Sie es als Logbuch, in dem regelmäßig alle wichtigen Informationen hinterlegt werden. Der Projektleiter, aber auch alle Mitarbeiter können kurze Notizen zum Projektfortgang, getroffene Vereinbarungen, Probleme oder offene Fragen niederlegen. Dann kann man bei Bedarf, auch wenn der oder die Betroffene im Urlaub ist, schnell erfahren, wie der Stand der Dinge ist. Allerdings erfordert es klare Spielregeln und eine gewisse Disziplin, damit das Projekthandbuch auch zum echten Projektlogbuch wird.

Flugblätter (Flyer) und Prospekte   Können Sie die wesentlichen Ziele und Aspekte Ihres Projektes auf zwei Seiten formulieren? Das sollten Sie, denn für Außenstehende ist dies die Menge an Information, die sie gewillt sind, ohne zusätzliche Anreize zu „konsumieren". Versuchen Sie daher, ein kompaktes Infoblatt – quasi einen Werbeprospekt – Ihres Projektes zu formulieren. Lassen Sie sich dies von Ihrer Werbeabteilung im Corporate Design gestalten und als Farbkopien auflegen. Achten Sie darauf, dass wichtige Informationen, wie Ansprechpartner, Telefonnummern, Termine, Erläuterung von Grundbegriffen usw., mit aufgenommen werden. Das verhindert, dass das Infoblatt gleich im nächsten Papierkorb landet. So haben Sie dann auch für die nächste Infoveranstaltung ein schönes Handout.

Das Mitteilungs- oder schwarze Brett ist das klassische Medium für Informationen, die alle betreffen, längere Zeit gültig sind und auf wichtige Änderungen hinweisen sollen.

Mitteilungsbretter, Pinnwände

Für eine größeres Umstrukturierungsprojekt in einem Chemieunternehmen hat die Projektleitung eigens so genannte blaue Bretter angeschafft, die sich deutlich von den üblichen schwarzen Brettern abheben sollten. Damit sollte der besondere Charakter des Projektes verdeutlicht werden.

Ein metallverarbeitendes Unternehmen hat für seine KVP-Teams spezielle Pinnwände angeschafft, auf denen große Abbildungen und Grafiken im DIN A0-Format die aktuellen Maßnahmen und Ergebnisse der laufenden Verbesserungsprojekte darstellen. Diese werden wöchentlich aktualisiert und sind außerdem ein hervorragendes Arbeitsmittel für die Teamsitzungen, in das Vorschläge direkt in die Grafik übernommen werden können.

Besitzen Sie in Ihrem Unternehmen eine Mitarbeiterzeitschrift? Dann ist es Ihre erste Pflicht, hier beizeiten über Ihr Projekt zu berichten. Der zuständige Redakteur wird es Ihnen danken, denn Projektberichte sind die Würze in Mitarbeiterzeitschriften. Werfen Sie doch einen Blick hinter die Kulissen, zeigen Sie spannende Entwicklungen und vermitteln Sie den Eindruck eines agilen Unternehmens. Verpacken Sie daher Ihr Projekt in eine kleine Geschichte, in der auch kurz auf Entstehung und Hintergründe eingegangen wird. Konzentrieren Sie die trockenen Fakten auf das Nötigste. Es geht darum, die Leser für das Thema zu interessieren. Dass das Projektteam dabei näher vorgestellt wird, versteht sich

Mitarbeiterzeitschrift

von selbst. Stellen Sie daher dem Redakteur bzw. Verantwortlichen nicht nur eine Projektbeschreibung, sondern möglichst sofort auch Fotos der Teammitglieder zur Verfügung. Und wenn Sie dann noch eine positive, unterstützende Aussage des Auftraggebers bzw. der Geschäftsführung zum Projekt einflechten, können Sie auch Gegnern gleich den Wind aus den Segeln nehmen.

Kundenzeitschrift Haben Sie ein Projekt, das Ihrem Kunden einen echten Nutzen bringen wird, dann sollten Sie dies auch in der Kundenzeitschrift publizieren. Sie haben noch keine? Dann empfehlen Sie ihrem Vertrieb, eine Info-Broschüre aufzulegen, in der auch das Projekt dargestellt wird.

Ein mittelständischer Fensterprofilhersteller hat den Bau seines neuen Logistikzentrums umfassend in der Kundenzeitschrift dargestellt. Dabei wurden nicht nur die nüchternen Ergebnisse und der erwartete Kundennutzen – Lieferung ab Lager in drei Tagen – präsentiert, sondern auch die Projekthistorie anschaulich dargestellt. Die Zusammenarbeit mit einem Forschungszentrum in der Planungsphase wurde ebenfalls näher erläutert. Dies vermittelte den Kunden sehr anschaulich die Innovationsfähigkeit und Kompetenz des Unternehmens.

Intranet Jedes mittelgroße Unternehmen hat heutzutage ein Intranet, das als zentrale Kommunikationsplattform dient. Nützen Sie die Möglichkeit, Informationen und Ergebnisse aus dem Projekt schnell und flächendeckend zu verbreiten. Sie können es für folgende Zwecke einsetzen:

Informationsplattform Zum einen können Sie das Intranet als Informationsplattform nutzen, um auf einer Projekt-Homepage über aktuelle Entwicklungen im Projekt zu informieren. Es sollten auch alle Ansprechpartner mit Foto und Telefonnummer hinterlegt sein, um den Benutzern eine direkte Feedback-Möglichkeit zu bieten.

Mittlerweile ist es sehr verbreitet, das Intranet im Projekt als zentrales Kommunikationswerkzeug für alle Dokumente und Daten zu nutzen. So hat jeder direkten Zugriff auf alle benötigten Informationen. Darüber hinaus kann auch der E-Mail-Verkehr abgewickelt und ein zentraler Projektterminkalender geführt werden. Dies ist insbesondere von Vorteil, wenn Sie in einem virtuellen Projektteam arbeiten, das sich nur in größeren Zeiträumen trifft.

Kommunikations-tool

Bei öffentlichen Projekten ist meist ein Projekttransfer gefordert; daher werden die wesentlichen Projektinhalte (Zielsetzung, Beteiligte, Zwischenergebnisse und Präsentationen) oft direkt im Internet zur Verfügung gestellt. Es gibt weiterhin die Möglichkeit, Teilbereiche von Webauftritten mit einem Passwort zu schützen. Dann haben Sie dort im Prinzip die gleichen Möglichkeiten und die Vertraulichkeit wie im Intranet. Das hat folgende Vorzüge:

Internet

- Schnelle Aktualisierung
- Direktes Feedback möglich
- Download-Möglichkeiten
- Viele Gestaltungsmöglichkeiten (Text, Grafik, Sound, Bilder, Filme)

Allerdings ist vor allem der Anfangsaufwand relativ hoch, so dass sich dies insbesondere für Projekte anbietet, die über ein Jahr Projektlaufzeit hinausgehen. Überlegen Sie sich auch, ob eine Weiternutzung nach Projektende sinnvoll und notwendig ist. Es empfiehlt sich auf jeden Fall, die Kommunikationsabteilung im Unternehmen frühzeitig und intensiv mit einzubinden, da sie erstens die Kompetenzen und Mittel und zweitens auch das entsprechende Know-how besitzt.

In einem geförderten Projekt der Textilbranche wurde das Internet gleich mehrfach genutzt. Dort wurden zum einen das Projekt und seine Zielsetzungen beschrieben sowie die aktuellen Ergebnisse veröffentlicht. Zum anderen diente ein geschlossener Bereich auf dem Web-Server, der nur mittels Passwort betreten werden konnte, zum Austausch von Informationen zwischen den am Projekt beteiligten Firmen. Dazu wurde sogar eigens eine Webadresse reserviert:

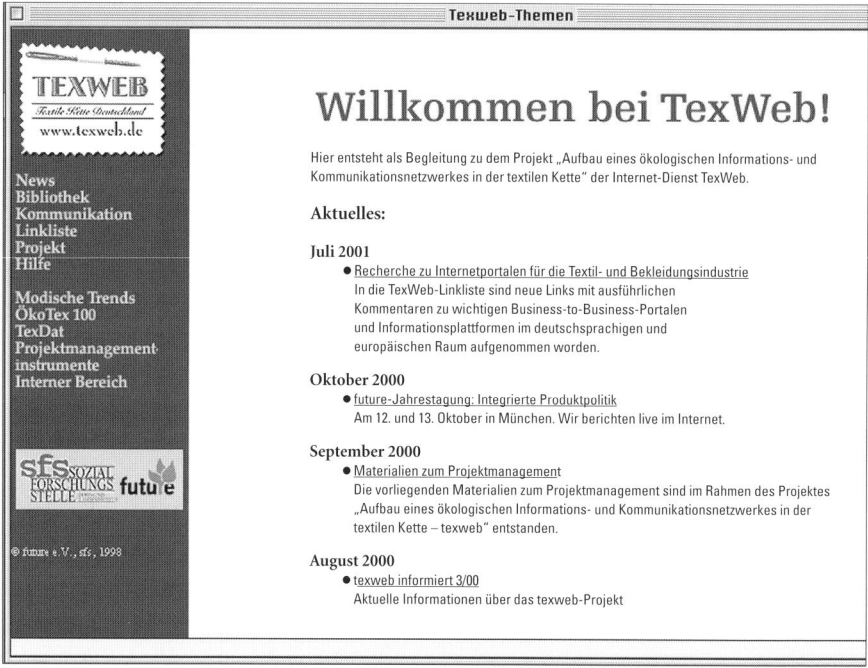

Screenshot TexWeb: Internetauftritt eines öffentlichen Projektes

Newsletter Eine Möglichkeit zur Information der interessierten Öffentlichkeit ist der Newsletter, der entweder als Brief, Fax oder E-Mail verschickt werden kann. Dazu muss der Interessent sich in einen entsprechenden Verteiler eintragen. E-Mail-

Newsletter können meist direkt online abonniert werden. Der Fokus liegt hierbei auf der regelmäßigen Information und weniger in der grafischen und gestalterischen Aufbereitung.

Poster sind *Eyecatcher*, die an zentraler Stelle aufgehängt werden sollten. Wichtig ist dabei, das Poster nicht mit Informationen zu überfrachten, aber auch nicht mit Plattitüden zu langweilen. Versuchen Sie mit pfiffigen Texten, einer lockeren Gestaltung und eventuell einer lustigen Zeichnung, die Aufmerksamkeit der Betrachter zu erhöhen. So kann eine paradoxe Überschrift wie *„Bitte, sehen Sie dieses Poster nicht an!"* oder *„Bitte, lesen Sie nicht weiter!"* schon ausreichen, um die Mitarbeiter zum Verweilen zu verlocken.

Poster

Eine echtes Highlight der Außenkommunikation ist natürlich eine Pressekonferenz. Allerdings erfordert dies einen großen Aufwand und sollte nur in enger Zusammenarbeit mit entsprechenden Profis (Kommunikationsabteilung, Agentur) realisiert werden. Denn Journalisten sind mittlerweile so überfrachtet, dass sie nur noch die „Sahnehäubchen" vor Ort wahrnehmen. Bevor Sie also ohne vernünftigen und aktuellen Presseverteiler und professionelle Gestaltung des Rahmens eine solche Veranstaltung durchführen, sollten Sie Ihr Geld besser in andere Mittel investieren. Dazu ist es wichtig, dass Sie die entsprechende Abteilung in Ihrem Hause frühzeitig von Ihrem Projekt und den tollen Ergebnissen, die Sie erreicht haben, unterrichten.

Pressekonferenz

Nehmen Sie Ihre Digitalkamera mit und schießen Sie Fotos von der typischen Projektarbeit mit Teammitgliedern und Mitarbeitern. Stellen Sie diese ins Intranet auf Ihre Projekt-Homepage. Sie glauben gar nicht, welchen Anreiz Fotos für manche Leute bieten! Am besten machen Sie auch Porträtfotos von den Teammitgliedern und fügen diese auf der Seite mit den Ansprechpartnern ein. Eine bildliche Vorstellung

Fotos und Videos

vom Gegenüber erleichtert vielen Leuten die Kontaktaufnahme, z. B. in der Mittagspause.

Haben Sie einen Azubi, der begeisterter Video-Filmer ist? Dann schicken Sie ihn mal einen Tag los und lassen Sie ihn filmen. Brennen Sie den Videofilm auf CD-ROM und machen Sie Ihre „*The making of …* "-Dokumentation. Für Filmprojekte in Hollywood sind diese Filme mittlerweile unverzichtbar geworden. Nutzen Sie dieses dynamische Medium, um bei den Mitarbeitern das Interesse und den „Appetit" auf das Projektergebnis anzuregen. Eine Kurzfassung ist immer auch ein schöner *Joy-Break* für die nächste Präsentation.

Networking und Kontaktpflege

Jeder kennt den Spruch „Ohne Vitamin B läuft gar nichts". Nun, Sie müssen keine Seilschaften betreiben, aber eine gute Kenntnis des „politischen" Umfelds im Projekt kann Ihnen manche Überraschung ersparen.

Umfeldanalyse Kommen Sie z. B. nachträglich in ein Projekt, das schon lange vor sich hin kümmert, dann gehen Sie davon aus, dass einflussreiche Gegner das Projekt boykottieren und blockieren. Oder das Vorläuferprojekt lief gründlich schief, und Sie bewegen sich auf verbrannter Erde. Hier hilft eine kleine Umfeldanalyse weiter und zeigt Ihnen, wo die größten Stolpersteine und Hemmnisse liegen können. Werfen Sie einen Blick hinter die Kulissen, und finden Sie heraus, wie die Einstellungen der Mitarbeiter und Entscheider bezüglich des Projektes sind. Vielleicht gab es im Vorfeld schon große Differenzen, oder das Projekt wurde gegen den Willen der Beteiligten durchgeboxt.

Wenn Sie wissen, wo die Bremser und Gegner sind, dann versuchen Sie nicht, diese mit „Gewalt" auf Ihre Seite zu bringen, denn das ist meist vergebliche Mühe. Informieren Sie stattdessen sachlich und nüchtern über aktuelle Sachverhalte, ohne vorhandene Reizthemen zu behandeln.

Kümmern Sie sich vorrangig um die Unentschlossenen und Gleichgültigen. Machen Sie sie zu Unterstützern, und Sie werden sehen, dass auch Gegner sich dann einer entsprechenden Mehrheit beugen werden, ohne dass Sie Ihre Kraft in mühseligen Diskussionen vergeudet haben.

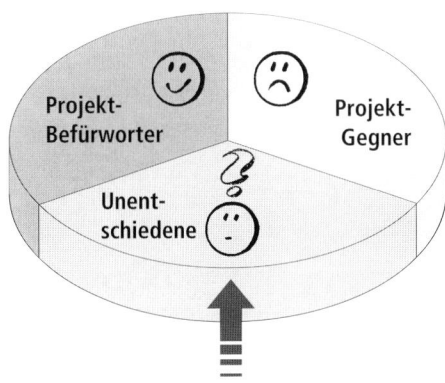

Effektiver Einsatz der Kräfte!

Was Sie im Rahmen Ihrer Umfeldanalyse in Erfahrung bringen sollten

- Wer kann Sie mit den notwendigen Hintergrundinformationen versorgen?
- Welche Ihnen verschwiegenen Risiken (Leichen im Keller) gibt es?
- Wie verlief das Projekt bisher?

> ▦ Wer ist Initiator und Förderer?
> ▦ Wer ist dem Projekt abgeneigt und bremst?
> ▦ Wer ist unentschieden oder gleichgültig gegenüber dem Projekt?
> ▦ Gibt es versteckte Zielkonflikte oder Konkurrenzsituationen?
> ▦ Gibt es zwischenmenschliche Differenzen?

Informelle Gespräche

Auch wenn Sie von Anfang an dabei sind, ist es empfehlenswert, sich nicht gleich kopfüber ins Projektgeschäft zu stürzen. Nehmen Sie sich zu Beginn lieber etwas mehr Zeit, um die beteiligten Leute auch in informellen Gesprächen kennen zu lernen. Dabei ergibt sich meist ein genaueres Stimmungsbild als in offiziellen Runden. Also führen Sie Gelegenheiten zum Gespräch herbei: einen kleinen Kaffeeküchenplausch, ein gemeinsames Essen in der Kantine oder auch einen kurzen Talk auf dem Weg zum Parkplatz oder zur U-Bahn.

Merken Sie sich möglichst die Namen aller Leute, die Ihnen vorgestellt werden.

> **Es ist viel leichter, Leute spontan auf dem Flur oder in der Kantine in ein Gespräch zu verwickeln, wenn Sie diese direkt mit Namen ansprechen können.**
>
> ALTE POLITIKERWEISHEIT

Seien Sie bei Ihren Gesprächen diplomatisch! Insbesondere als Neuer oder Externer wissen Sie zunächst nicht, wer mit wem „kann" oder auch nicht. Vermeiden Sie es, Vermutungen auszusprechen, und fragen Sie offen und interessiert nach Fakten zum bisherigen Projektverlauf und den sonstigen Rahmenbedingungen. Vermeiden Sie es, Mitarbeiter gegeneinander auszuspielen oder gar abfällig über andere zu reden.

Wenn Sie wissen, dass das Vorläuferprojekt schief gelaufen ist, so ist es zwar verlockend, aber nicht immer sinnvoll, es abwertend zu beurteilen. Denn die Mitarbeiter mögen zwar vom Ergebnis ebenfalls wenig überzeugt sein, sie haben meist aber eine Menge Energie und Arbeit hineingesteckt. Deshalb fühlen sie sich durch eine Kritik natürlich auch betroffen. Versuchen Sie lieber aufzuzeigen, wie Sie den Faden aufgreifen möchten und aus den Puzzlestücken des Vorgängerprojektes ein Gesamtbild schaffen wollen, indem Sie das Verwertbare weiter nutzen.

Bei längeren Projekten ist es nützlich, ein informelles Netzwerk von Leuten aufzubauen, zu denen Sie ein vertrauliches Verhältnis haben. Dabei sollte man auch an nicht direkt Beteiligte, sondern indirekt Betroffene denken, da diese Leute das Projekt aus einer meist kritischeren Sicht sehen als die direkt Beteiligten. Die Kontaktaufnahme kann durchaus durch ein Teammitglied erfolgen, welches gut im sozialen Umfeld des Unternehmens eingebunden ist. Manche Mitarbeiter mögen zwar im Projekt etwas zu bedächtig und zu vorsichtig wirken, besitzen aber oft ein gutes Gespür für „atmosphärische Schwingungen" im Unternehmen. Nutzen Sie diese soziale Kompetenz, um die wichtigen Hintergrundinformationen zu bekommen.

Indirekt Betroffene ansprechen

Wenn Sie ein größeres Projekt mit mehreren Teilprojekten haben, so ist es sehr hilfreich, sich regelmäßig mit den anderen Projektteams auszutauschen. So erfährt man schnell die Meinung der anderen Bereiche über das eigene Projekt und mögliche Konkurrenzsituationen und Konflikte sind schnell ausgemacht.

Projektkultur und -auftritt

In jedem Projekt, in dem die Projektmitarbeiter über eine längere Zeit zusammenarbeiten, wird sich – mehr oder weniger gesteuert – eine Projektkultur oder auf Neudeutsch ein „Teamspirit" entwickeln. Dieser Teamgeist ist wesentlich für die Motivation der Mitarbeiter und damit auch ein kritischer Erfolgsfaktor fürs Projekt. Sie werden sich daher fragen, wie Sie dies gezielt fördern können. Es gibt dazu eine Reihe von Möglichkeiten:

- Zu Beginn des Projektes ist eine Klausurtagung sehr zu empfehlen, in der man sich in ungestörter Umgebung intensiv mit den Projektthemen beschäftigt und sich abends in gemütlicher Runde persönlich austauscht.
- Im kleineren Rahmen bieten auch Feierabendveranstaltungen wie ein gemeinsamer Kegelabend den Teammitgliedern die Möglichkeit, sich neben der Projektarbeit zwanglos privat näher kennen zu lernen.
- Für die Erreichung wichtiger Meilensteine und auf jeden Fall für den Projektabschluss sollten Sie ein besonderes Event planen – sei es der Besuch eines Konzertes oder ein Grillfest an der Isar.
- Für Projekte, in die auch Externe eingebunden werden, ist es unbedingt zu empfehlen, einen gemeinsamen Projektraum einzurichten, in dem man sich ungestört ausbreiten kann. Am besten mit Tafel, Pinnwänden und Flipchart, auf denen man die Ideen sofort aufschreiben und mit den Teammitgliedern diskutieren kann.

Kommunikation zwischen Tür und Angel Schaffen Sie Gelegenheiten für den informellen Gedankenaustausch. Studien haben gezeigt, dass Kaffeeküche und Kopierraum die häufigsten – und manche meinen auch die effektivsten – Kommunikationsplattformen sind.

Projektidentität (PI)

Man kann nur über etwas reden, das einen Namen hat. Daher gilt: Gib deinem Kind (Projekt) einen Namen. Die fortgeschrittenen Projektmarketiers machen sich sogar Gedanken über ein passendes Logo. (Im Internet gibt es ganze Fotogalerien – Bildersuche mit Google).

Im IT-Unternehmen ConDec wurde ein Projekt zur Überarbeitung der Organisationsstruktur und zum Aufbau eines Prozessmanagements begonnen. Da zwei Vorgängerprojekte wegen mangelnder Mitarbeitereinbindung gescheitert waren, beschloss man zu Beginn des Projekts sich einen Namen zu überlegen. Aus ConDec und dem Stichwort Organisationsentwicklung wurde so der „Codename" CondOr. Recht schnell fand man eine passende animierte Zeichentrickfigur im Internet, die für die allgemeinen Präsentationen verwendet wurde. Die Symbolik des „Überfliegers" war nicht unwillkommen. Nur auf die Verwendung des bekannten Songs „El Condor Pasa" zur akustischen Untermalung wurde dann doch verzichtet.

Neue Arbeitsformen/Virtuelle Projektteams

In modernen projektzentrierten Unternehmen und im internationalen Projektgeschäft werden zunehmend virtuelle Projektteams eingesetzt. Damit sind Teams gemeint, deren Mitglieder sich an verschiedenen Standorten befinden und die vorwiegend via elektronische Medien – E-Mails, Videokonferenzen usw. – miteinander zusammenarbeiten.

Weil der persönliche Kontakt und Gedankenaustausch dabei bedeutend geringer ist, ist es bedeutend schwieriger und auch langwieriger, ein eingespieltes Projektteam zu bilden. Dagegen stehen die Vorteile von flexibler Auswahl kompetenter Projektmitarbeiter.

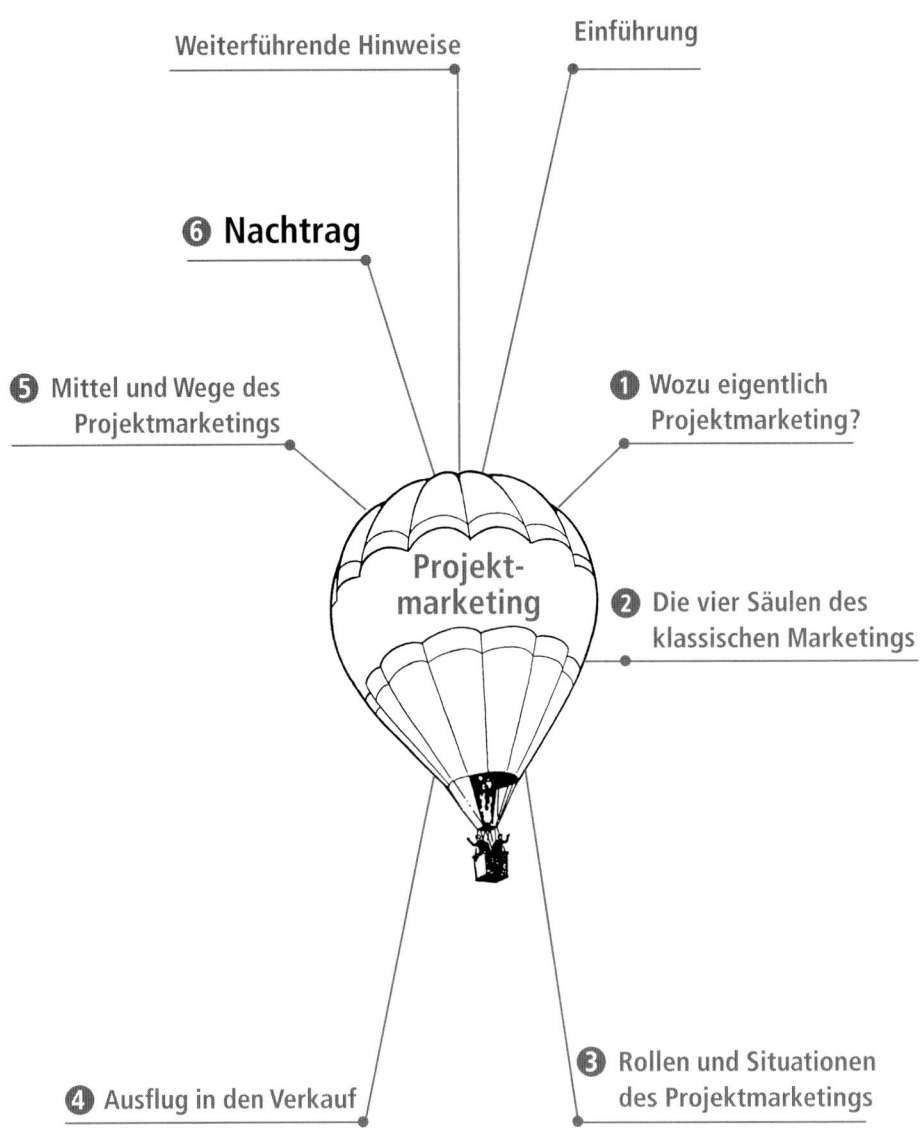

Weiterführende Hinweise

Einführung

❻ **Nachtrag**

❺ Mittel und Wege des Projektmarketings

❶ Wozu eigentlich Projektmarketing?

Projekt-marketing

❷ Die vier Säulen des klassischen Marketings

❸ Rollen und Situationen des Projektmarketings

❹ Ausflug in den Verkauf

6. Nachtrag

„Was wollen Sie? Ein Extra-Budget für Projektmarketing? Was soll dieser Unsinn? Solche neumodischen Ideen können Sie sich abschminken!", schnauzte der Bereichsleiter den verstört aussehenden Projektmanager an und verließ mit einem lauten Türknall das Zimmer. Die eintretende Stille und damit verbundene Spannung im Raum waren fast unerträglich. Dabei hatte der Projektmanager ein wirklich tolles Konzept vorbereitet.

Erinnern Sie sich noch an diese Geschichte aus der Einführung? Wahrscheinlich war das Konzept doch nicht ganz so gut oder auch nur schlecht präsentiert. Wie hätte diese Geschichte anders verlaufen können? Ein Marketingplan war ja schon aufgestellt worden – im stillen Kämmerlein. Leider.

Nun, die beiden Projektleiter setzten sich erneut zusammen und überarbeiteten ihren Marketingplan. Sie stellten nicht nur einen Maßnahmenplan auf, sondern überlegten auch, aus welchen Abteilungen sie ein Budget dafür bekommen könnten. Nachdem sie sich Literatur und Informationen über Verhandlungsführung und Verkaufsgespräche besorgt hatten, stellten sie gemeinsam eine Liste von Argumenten und Vorteilen für jede einzelne Abteilung, ja sogar für einzelne Mitarbeiter und Führungskräfte auf. Jetzt fingen sie an, Gespräche zu führen. Zuerst gingen sie in die Marketingabteilung, erzählten von ihrem Konzept und überzeugten den Marketingleiter davon, wie wichtig das Projekt auch für die Kundenbeziehung ist. Könnten aufgrund der Serviceverbesserung sogar neue Kunden gewonnen werden? Schließlich konnte ein Teil des Budgets für den Marketingplan von der Marketingabteilung getragen werden, weil einzelne Maßnahmen direkt zur Kundenzufriedenheit beitragen würden.

Alternativer Ausgang der Geschichte

Nutzen präsentieren

Sie führten einzelne Gespräche mit Vertretern der betroffenen Abteilungen und stellten viele Fragen. Mit den daraus gewonnenen Informationen konnten sie Argumente und Nutzen präsentieren, die viele Vorurteile und Hindernisse bereits im Vorfeld ausräumten. Diese Informationen und die Ergebnisse der verschiedenen Gespräche arbeiteten sie in einen neuen Präsentationsstandard ein. So nebenbei konnten sie einige Führungskräfte ins gemeinsame Boot holen, indem sie ihnen die Konsequenzen aufzeigten, falls das Projekt erfolgreich abgeschlossen werden könnte und falls es scheitern würde. Innerhalb von zwei Wochen fanden sie so eine Reihe von Verbündeten, die mit ihnen zusammen das Projekt vorantrieben.

Schließlich luden sie die wichtigsten Mitarbeiter, Abteilungsleiter und Führungskräfte – sowie Vertreter des Kunden – zu einer Kickoff-Präsentation ein. In dieser Präsentation wurde kein langweiliger Monolog gehalten, sondern das Gespräch mit den Anwesenden gesucht. Sie hatten sich lange auf die Inhalte und die Dramaturgie vorbereitet. So konnten sie Unternehmensziele, Projektziele und Interessen des Kunden gemeinsam vernetzen und allen einen gemeinsamen Weg für die Durchführung des Projektes vorschlagen. Höhepunkt war das gemeinsame Commitment der Anwesenden.

Zugeständnisse des Bereichsleiters

Als die Finanzierungsfrage diskutiert wurde, konnten sie den eingangs erwähnten Bereichsleiter sogar zu Zugeständnissen bewegen. Das Teilbudget der Marketingabteilung, ein Angebot von Kundenseite über das Sponsoring von Einzelmaßnahmen, die sogar einige Merchandising-Produkte beinhalteten, und die Unterstützung von weiteren Führungskräften veranlassten den erwähnten Bereichsleiter, der Bitte um Mithilfe nachzugeben.

Natürlich hatten sie mit direkten Mitarbeitern des Bereichsleiters vorher kleine Gespräche geführt, in denen sie dessen Ziele und Wünsche herausgefunden hatten. In der Dramaturgie der Präsentation hatten sie immer darauf geachtet, dem Bereichs-

leiter kleine Brücken zu bauen, die er nur überqueren musste, um auch seinen Zielen und Wünschen näher zu kommen.

Jetzt konnte die Arbeit beginnen. Weitere verantwortliche Mitarbeiter wurden in Gesprächsführung und Präsentationstechnik geschult. Andere erhielten ein Training für die Moderation von Gruppen. Ein Werbe- und Marketingkreis wurde gegründet, der viele kreative Ideen entwickelte und gemeinsam mit den Präsentationsspezialisten den anderen vorstellte. Viele informelle Gespräche und sogar ein regelmäßiger Stammtisch abends in einer gemütlichen Kneipe folgten. Ganz nebenbei wurde während einer dieser gemütlichen Abende sogar ein nettes Logo mit einem dazu passenden Projektnamen entwickelt. Auf einem gemeinsamen Grillfest wurden an alle Schirmmützen mit Logo und Name des Projektes verteilt. Natürlich konnte auch der Kunde hier sein Logo werbewirksam anbringen. Der Kunde wurde in den Informationskreislauf eingebunden und konnte daher auch wiederum seine Kunden von den für sie entstehenden Vorteilen informieren.

Eine mit Bildern und Farben attraktiv gestaltete Mitteilungswand informierte alle interessierten Mitarbeiter ständig über den Projektfortschritt und die erzielten Erfolge. Die Marketingabteilung entwarf eine Kundenzeitschrift, die auch andere Kunden auf die erreichten Vorteile des Projektes aufmerksam machte und anschauliche Beispiele aufführte. Tatsächlich konnten zwei neue Kunden gewonnen werden, und drei weitere bestehende Kunden gaben Anschlussaufträge. Und bevor wir jetzt auch noch den Himmel rosarot anmalen, hören wir an dieser Stelle auf.

Einige von Ihnen werden jetzt denken: „Ach, wenn das doch bei uns, in unserem Unternehmen, in der Praxis auch so funktionieren könnte." Es kann funktionieren! Deshalb haben wir Ihnen in diesem Buch eine Menge von Informationen, Techniken und Vorschlägen zusammengestellt. Wir

Was soll uns diese kleine Geschichte sagen?

wollen damit Projektleitern und Projektmanagern helfen, durch geschicktes Projektmarketing ihre Projektziele schneller zu erreichen und der eigenen Karriere auf die Sprünge zu helfen.

Trainieren Sie diese verschiedenen Techniken und wenden Sie möglichst viele der Vorschläge in Ihrer eigenen Praxis an. Gehen Sie dabei Ihren eigenen Weg. Je sicherer Sie in der Anwendung neuer Verhaltensweisen werden, umso mehr können Sie sie Ihrer eigenen Art anpassen.

Vielleicht werden Sie ja sogar für Ihr nächstes Projekt eine kleine Vision formulieren. Sie könnte etwa so lauten:

Ich gestalte mein Projekt als ein wiedererkennbares Produkt und mache es so zu einer Marke. Dadurch steigern sich die Professionalität und der Wert des Unternehmens, des Projektes und mein eigener.

Wir wünschen Ihnen viel Spaß dabei!

Weiterführende Hinweise

Literatur zum Projektmarketing

Birkenbihl, Vera F.: *Das „neue" Stroh im Kopf?*
Vom Gehirn-Besitzer zum Gehirn-Benutzer.
Landsberg: mvg, 2001.

Boy, Jacques/Christian Dudek/Sabine Kuschel u.a.:
Projektmanagement. Grundlagen, Methoden
und Techniken, Zusammenhänge.
Offenbach: GABAL, 2001.

Harvard Business Manager, Nr. 2/2002, S. 18 ff.:
„Wie Sie andere für Ihre Pläne gewinnen."

Kalka, R./A. Mäßen: *Marketing.*
Haufe Taschenguide. Freiburg i. Br.: Haufe, 2002.

Kellner, H.: *Ganz nach oben mit Projektmanagement.*
München: Hanser, 2000.

Marco, Tom de: *Spielräume.*
München: Hanser, 2001.

Skambraks, Joachim: *Die Columbo-Strategie.*
Frankfurt: FAZ, 2001.

Young, Trevor: *30 Minuten bis zum erfolgreichen Projekt-*
management.
Offenbach: GABAL, 2001.

Internet

Projektmagazin – Das Fachmagazin für erfolgreiches Projektmanagement im Internet: www.projektmagazin.de

Tools

Der *Mindmanager* ist eine Software zur Erstellung von Mindmaps und unterstützt Sie bei der Visualisung und Vermittlung von komplexen Sachverhalten, bei der Strukturierung und Ideenfindung: www.mindjet.de.

Hinweis

Mindmanager®, *Mindmap*®, und *Mindmapping*® sind eingetragene Warenzeichen der Buzan-Organisation.

Stichwortverzeichnis

Über die Autoren

Michael Lörcher

Studium

- 1981 – 1985 Physik an der Eberhard-Karls-Universität, Tübingen
- 1985 – 1986 Physik an der *California State University Long Beach*, USA
- 1986 – 1989 Physik an der TU München (Diplomarbeit am Max-Planck-Institut für Plasma-Physik)
- Studienabschluss: 1989 – Diplom in „Allg. Physik" an der TU München
- Aufbaustudium: 1989 – 1990 „Umweltschutztechnik" an der TU München

Diplomphysiker Michael Lörcher ist seit 1991 geschäftsführender Gesellschafter der AkkU Umweltberatung GmbH, München. Er berät schwerpunktmäßig Unternehmen im Bereich des betrieblichen Umweltschutzes wie auch in allgemeinen Managementfragen.

Die Beratungsleistung reicht von der Implementierung eines Umwelt-Controllings bis zur Umsetzung von vollständigen Managementsystemen nach EMAS, ISO 9001/14001 und Prozessmanagement. Weitere Arbeitsbereiche sind Beratung und Entwicklung von Umweltinformationssystemen und die Erstellung von Produktökobilanzen.

In den letzten Jahren kamen die Themenfelder Projektmanagement, Nachhaltigkeit in Unternehmen und *Business Excellence* nach EFQM sowie Integrierte Produktpolitik dazu.

In allen Feldern verfügt Lörcher über langjährige Erfahrungen im Bereich der Projektleitung und des -controllings wie auch bei der Beratung und Durchführung von moderierten Workshops, Trainings, Coachings, Vorträgen und Schulungen.

Ausgewählte Referenzen

- Durchführung und Koordination eines Change-Management-Projektes bei der Condat AG mit den Schwerpunktthemen Prozess- und Qualitätsmanagement, 2001 – 2002
- Projektleitung bei der Umsetzung eines integrierten, prozessorientierten Managementsystems bei der Firma GEALAN Werk Fickenscher GmbH, 2000 – 2001
- Durchführung einer Studie zum Thema Integrierte Produktpolitik, Tetra Pak GmbH, Darmstadt, 2001
- Projektleitung beim Pilotprojekt „Integrierte Produktpolitik am Beispiel der bayrischen Automobilindustrie", StMLU, IHK München und Oberbayern und dem Umweltpakt AK IPP, 2000 – 2001
- Unterstützung bei Konzeption und Durchführung von Prozess-Reviews, Infineon Technologies AG, 2000
- Projektleitung und Konzeption bei dem Softwareentwicklungsprojekt „Fabius", 1997 – 1998

Joachim Skambraks

Jahrgang 1963, studierte nach einer Ausbildung bei der Bertelsmann AG Betriebswirtschaft. In seiner 10-jährigen verkäuferischen Tätigkeit als Verkaufs- und Marketingleiter und später als Vertriebsleiter entwickelte er sich zum Verkaufsprofi. Durch die Zusammenarbeit mit verschiedenen deutschen Trainern qualifizierte er sich als Verkaufs- und Managementtrainer. Er ist Mitglied des JCI Trainings-Instituts.

Er hat mehrere Bücher und Artikel veröffentlicht, u. a. *Die Columbo-Strategie*, *Der Erfolgsturm* und *Herausforderungen für die Zukunft – Mittelstand im Umbruch (BWd 9).*

Wichtige verkäuferische Stationen
- Key-Account-Management im Bereich Dienstleistung
- Verkaufsleiter in einem Medienkonzern
- Vertriebsleiter in einem mittelständischen Unternehmen für Verbrauchsgüter
- Managementfunktion Außendienststeuerung, Groß- und Sonderkunden

Für verschiedene Unternehmen wirkt er an der konzeptionellen Entwicklung und Realisierung von Qualifizierungsmaßnahmen für Mitarbeiter mit.

Joachim Skambraks realisiert Veränderungsprozesse durch:
- Kundenspezifische Projektarbeiten
- Workshops und Seminare
- Intensiv-Trainings
- Konzeptionelle Beratung
- Führungskräfte- und Mitarbeiter-Coaching

Beide Autoren führen zusammen Projektmanagement- und Projektmarketing-Trainings für mehrere Unternehmen durch.

Kontakt
InTu Training
Landsbergerstraße 455
81241 München
www.intutraining.de
js@intutraining.de

Für Leute, die mehr wollen.
Mehr Buch, mehr Web, mehr Erfolg.

book@**web** ist ein medialer Brückenschlag, der die Vorteile beider Medien nutzt: **das Buch** als ideales Medium für lineare Informationen, **das Internet** mit seinen hypermedialen Kommunikationstools.

Zu jedem book@**web**-Buch gibt es unter **www.book-at-web.de** einen **kostenlosen Workshop** zum aktiven Training: mit interaktiven Übungen, Formularen zum Downloaden, Audios und Videos.

book@web

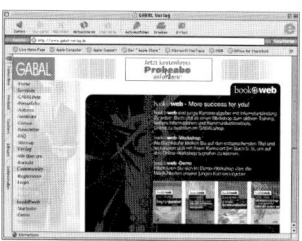

➤ **Business Community**

➤ **Shop, Autoren, Seminare**

➤ **Kommunikation via Foren**

➤ **Interaktive Workshops**

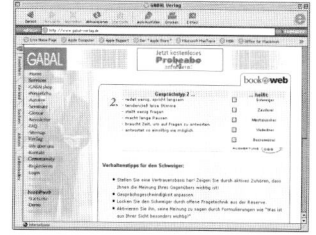

www.book-at-web.de

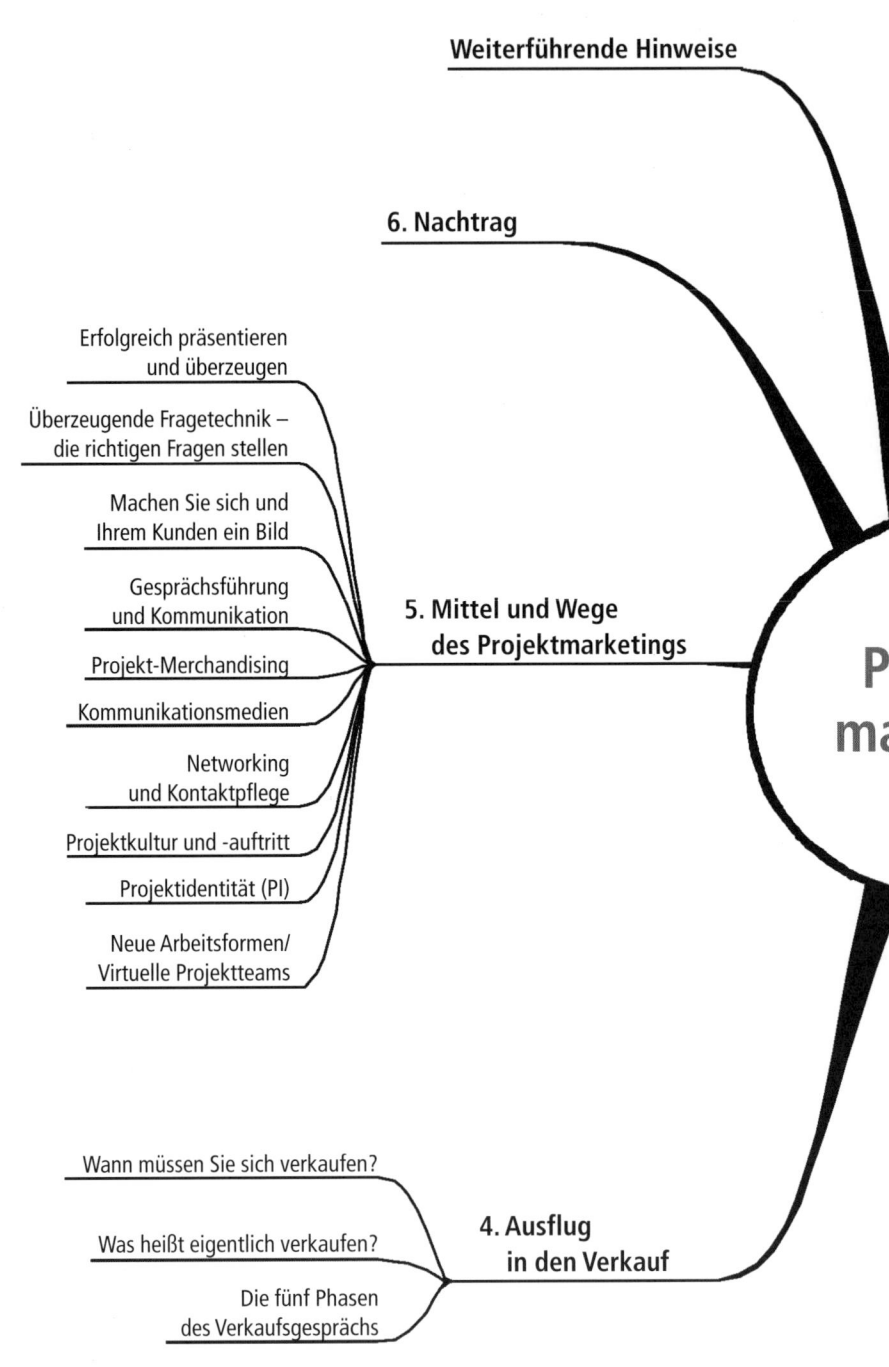

Weiterführende Hinweise

6. Nachtrag

Erfolgreich präsentieren
und überzeugen

Überzeugende Fragetechnik –
die richtigen Fragen stellen

Machen Sie sich und
Ihrem Kunden ein Bild

Gesprächsführung
und Kommunikation

Projekt-Merchandising

Kommunikationsmedien

Networking
und Kontaktpflege

Projektkultur und -auftritt

Projektidentität (PI)

Neue Arbeitsformen/
Virtuelle Projektteams

5. Mittel und Wege
des Projektmarketings

Pr
ma

Wann müssen Sie sich verkaufen?

Was heißt eigentlich verkaufen?

Die fünf Phasen
des Verkaufsgesprächs

4. Ausflug
in den Verkauf